AF462978

PHOTOLITHOGRAPHIE

TRAITS ET DEMI-TEINTES

TRAITÉ PRATIQUE

PAR

GEYMET
8, *Rue Neuve-Saint-Augustin*, 8
PARIS

PRIX : 10 FRANCS

PRODUITS CHIMIQUES
ET
APPAREILS POUR LA PHOTOGRAPHIE

PARIS
IMPRIMERIE SERINGE FRÈRES, 2, PLACE DU CAIRE
1873

PHOTOLITHOGRAPHIE
PHOTOTYPIE

PHOTOLITHOGRAPHIE

TRAITS ET DEMI-TEINTES

TRAITÉ PRATIQUE

PAR

GEYMET

8, Rue Neuve-Saint-Augustin, 8

PARIS

PRIX : 10 FRANCS

PRODUITS CHIMIQUES

ET

APPAREILS POUR LA PHOTOGRAPHIE

PARIS

IMPRIMERIE SERINGE FRÈRES, 2, PLACE DU CAIRE

1873

AU LECTEUR

Nous avions écrit ce Traité il y a plusieurs années.

Nous avons voulu, avant de le publier, obtenir des résultats constants, complets et indiscutables par les méthodes que nous développons.

Les épreuves, sorties de notre presse, peuvent aujourd'hui soutenir la comparaison avec les produits donnés par les sels d'argent.

Le but est atteint et nous l'avons prouvé en séance publique à la Société française de Photographie.

TH. GEYMET.

PHOTOLITHOGRAPHIE
PHOTOTYPIE

CHAPITRE PREMIER

INTRODUCTION

Avant d'entrer dans les détails des opérations que nous voulons décrire, nous dirons quelques mots sur l'inventeur de la lithographie.

Senefelder naquit à Prague en 1770. Il étudia d'abord le droit, et se livra ensuite au théâtre. Il fut à la fois écrivain et acteur.

Peu favorisé par la fortune, il voulut reproduire, sans avoir recours à l'imprimerie, les pièces qu'il avait lui-même composées. Nous passerons sur ses essais. L'histoire raconte que, chargé par sa mère d'écrire une note de blanchisseuse et manquant de papier, il traça au crayon gras le détail qu'on lui dictait sur une pierre polie qui lui servait à poncer ses plaques de métal.

Mais son attention étant éveillée par des observations préalables, il voulut essayer l'effet du noir d'impression sous la morsure de l'acide.

C'est à ce dernier essai que nous devons la découverte de la lithographie. Après une vie agitée, Senefelder mourut, non sans honneur, à Munich, en 1834.

II

THÉORIE DE LA LITHOGRAPHIE

La théorie de la lithographie est d'une grande simplicité.

Cette industrie, qui rend de grands services à la science et aux arts et qui est maintenant en pleine activité, repose : 1° sur l'avidité que la pierre calcaire a pour l'eau;

2° Sur l'adhérence vigoureuse que les corps gras et résineux ont sur la pierre lithographique.

3° Sur l'incompatibilité du corps gras et de l'eau.

Cette incompatibilité n'est pas à démontrer. Le chasseur et l'ouvrier mettent, le premier son arme, le second son outil, à l'abri de la rouille, en les protégeant par une légère couche d'huile ou de suif.

Dans ces conditions, les objets sont à l'abri du contact de l'eau.

Les corps gras, d'autre part, qui ont une grande répulsion pour l'eau, possèdent, au contraire, beaucoup d'affinité pour la pierre calcaire.

Il suffit de tirer une ligne avec un crayon composé de résine ou de suif coloré par une matière quelconque. Une adhérence intime existe entre les deux corps.

Pour les séparer, il est nécessaire d'employer un moyen mécanique, le ponçage qui amène l'usure de la pierre. Aucun lavage ne pourrait donner un résultat satisfaisant.

Une dernière opération fortifie l'adhérence de l'encre grasse sur la pierre, et la fait pour ainsi dire pénétrer dans les pores minces de la matière calcaire.

La ligne que nous avons tracée, quoique parfaitement fixée et attachée sur le grain de la pierre, pourrait toutefois, sous une pression vigoureuse et répétée, s'étendre et s'élargir, et le trait, en perdant sa finesse, finirait, à la longue, par manquer de netteté.

Pour obvier à cet inconvénient qui serait très-grave et qui limiterait le tirage, on mouille la pierre au pinceau, avec une éponge, ou par immersion, avec de l'eau gommée et légèrement acidulée avec de l'acide azotique.

Les proportions d'eau, d'acide et de gomme, seront indiquées plus tard. Elles varient selon le degré de porosité de la pierre.

Ces principes posés, nous dirons brièvement en quoi consiste l'impression lithographique. Il est indispensable de connaître une méthode pour la lier à un procédé nouveau. Les moyens que l'industrie emploie n'ont à subir aucune modification.

La photographie n'intervient que pour jouer un rôle secondaire. Mais ce rôle, si modeste qu'il soit, prend une grande importance, dans ce sens qu'elle apporte à un procédé moins récent et qui a la sanction de la pratique, une grande rapidité dans le mode d'exécution et la vérité exacte dans le dessin.

L'impression aux encres grasses et le tirage photographique aux sels d'argent ont un but identique.

Jusques à cette heure on s'est borné à tirer aux sels d'argent, car le photographe n'avait pas à sa disposition une méthode assez parfaite pour lui donner des épreuves comparables en finesse, à celle qu'il obtenait par l'action de la lumière sur le papier albuminé. Il a donc continué à donner tous ses soins à des productions parfaites, artistiques, mais éphémères.

Le cas n'est plus le même aujourd'hui, car le tirage à la presse, sur couche de gélatine avec épaisseur, peut être substitués avec un grand avantage, sous tous les rapports, au tirage sur papier argenté. Nous prouverons le fait à qui voudra s'en convaincre.

On obtiendra les mêmes détails, une finesse égale et les caprices de la lumière qui jouent un si grand rôle dans notre partie, seront moins à redouter.

Il faudra toujours un peu de lumière pour obtenir le cliché, mais le tirage sera désormais indépendant, infiniment moins coûteux et beaucoup plus rapide.

Il est vrai qu'on aura à transformer le laboratoire, à remplacer le cylindre par la presse et le tireur par le lithographe. Mais il ne faut que deux ou trois jours pour se faire la main au rouleau. Le nouveau tirage est d'une grande simplicité, on mettra donc le rouleau dans la main du tireur.

L'émail, la gravure, sujets sur lesquels nous avons écrit, offrent des difficultés réelles. La lithophotographie, au contraire, qui a plus d'importance au point de vue de l'industrie, peut être exécutée, sans études préalables, par une main adroite. Ne croyez pas aux prétentions des gens du métier. Les nouveaux procédés n'exigent pas une longue pratique; basés sur des réactions chimiques, soumis à des lois régulières, il suffit d'un peu d'observation pour arriver à des résultats complets et immédiats.

Nous sommes toutefois certains cependant que la routine persistera dans la vieille méthode de tirage. Nous ne nierons pas cependant que, dans certains cas, elle puisse rendre encore quelques services, mais le vieux procédé sera vaincu et forcé de quitter la place, et nous conseillons aux personnes prudentes et soucieuses de leur industrie, de se mettre en mesure, car la photographie est entrée aujourd'hui dans la voie sûre. Le tirage aux encres grasses est un fait et nous nous chargeons de convaincre les plus incrédules.

Dès maintenant, dans la reproduction du portrait, du paysage pris sur nature, des réductions et dans une infinité de cas qui exigent de la main et de l'œil, un travail trop compliqué, et des mois passés dans l'exécution, la lithographie et la photographie doivent se fondre l'une dans l'autre, et réunir, dans le même local, deux ateliers qui n'avaient rien de commun.

L'impression arrivera à une perfection inconnue

jusqu'à ce jour, et on pourra répandre au prix de quelques centimes, les chefs-d'œuvre de la peinture et les vues pittoresques de tous les pays, prises au vol par le voyageur.

L'art ne sera pas supprimé pour cela. Nous engageons au contraire le dessinateur à employer les procédés nouveaux qui lui permettront d'aller plus vite et de faire mieux. On improvise aussi bien sur un verre préparé que sur une feuille de papier, et nous verrons que le cas se présente.

Si habile que l'on soit, on se sert de l'équerre et du compas.

Pourquoi ne pas appeler à son aide l'objectif et écarter l'emploi de la chambre noire. Cet appareil est dû à un artiste célèbre, qui n'aurait pas dédaigné les ressources offertes par la photographie. Aujourd'hui le cheval plus poétique est remplacé par la locomotive, et la vapeur elle-même, cédera le pas à l'électricité quand le fluide magnétique transportera la matière comme il transmet la pensée.

CHAPITRE II

De la Lithophotographie

Nous avons, dans notre premier volume sur la gravure photographique, mis l'opérateur à même de transformer par l'intermédiaire de la gélatine chromatée le cliché en planche de cuivre.

La lithographie sera l'objet de celui-ci. Les opérations que nous nous efforcerons de décrire avec la plus grande clarté possible, offriront plus de facilité au point de vue de l'exécution. Le travail, d'autre part, sera plus rapide.

En galvanoplastie, le dépôt est toujours long à se former et après l'achèvement des opérations photographiques, il faut attendre dix ou douze jours pour obtenir une épaisseur de cuivre capable de résister aux efforts de la presse. Dans le cas qui nous occupe on ne rencontre aucun de ces inconvénients. Le résultat ess pour ainsi dire instantané, le dessin peut être obtenu en quelques minutes et livré immédiatement à l'impression.

La nécessité d'installer une presse limiterait nécessairement le nombre des opérations. Mais nous indiquerons le moyen d'y suppléer par un simple appareil facile à construire et qui peut être adapté sur tout cylindre de photographie.

Nous ne nous adressons pas seulement à l'industrie, et nous croyons que celui qui s'intéresse sérieusement aux progrès de la photographie et qui ne cherche pas dans le travail de la lumière un simple passe-temps, sera tenté par les méthodes nouvelles d'impression. Il continuera au besoin à fixer les points difficiles en se fortifiant comme nous, par l'application de ce qui est acquis.

C'est par cette série de travaux non interrompus, que les idées contestées passent insensiblement en s'améliorant chaque jour, dans le domaine de la pratique.

Nous sommes étonnés, en effet, que la lithographie, dont plusieurs ont essayé, soit restée en arrière et n'ait pas pris pied dans les imprimeries. La routine néglige l'emploi de ces moyens rapides et sûrs, qui suppriment pour ainsi dire le temps. Or, le temps dans la durée précaire de la vie humaine est à considérer, mais indépendamment de cette considération, l'exactitude du dessin obtenu par la lumière et la possibilité de reproduire la nature dans toute sa vérité, devrait, ce semble, engager les imprimeurs à s'occuper plus sérieusement du nouveau procédé. Ils doivent se souvenir que la lithographie elle-même n'a pas obtenu dès le début toute l'attention qu'elle méritait.

L'indifférence dont nous nous plaignons avec raison n'est pas réelle, car, entre deux procédés, l'industrie préfère toujours celui qui produit mieux et plus vite.

Nous expliquons en quelques mots les motifs qui ont éloigné la photographie de l'atelier du lithographe. C'est que les résultats ont fait défaut.

Ce n'est pas à la lumière qu'il faut s'en prendre, elle peut donner tout, mais trois conditions sont nécessaires si on veut réussir complètement en lithophotographie.

La première, c'est d'être photographe soi-même. L'opérateur le plus habile n'est pas apte à l'emploi. Il le sera s'il est chargé de conduire l'opération dans son ensemble, car l'expérience dans ce cas lui fera comprendre que le cliché le mieux réussi pour le tirage aux sels d'argent n'est pas le desideratum exigé pour obtenir une image irréprochable, pour le trait, par exemple.

Il est rare, et le point mérite d'être constaté, que dans les procédés nouveaux, tous les moyens nécessaires et dont l'ensemble, manié par un homme habile, peuvent seuls donner un résultat, se trouvent réunis dans la main d'une même personne. Il résulte de ce fait malheureux que l'application industrielle d'un procédé sûr et simple, n'est accepté que fort tard.

Les difficultés n'existent pas en réalité, mais la force des choses les suscite. C'est toujours le cas dans une industrie qui n'est pas créée et dont la vitalité n'est pas entretenue et activée par le fonctionnement.

On n'a pas sous la main, au moment donné, la cheville ouvrière qui détermine le résultat. On déclare alors sans réfléchir que le procédé est incomplet.

Comme nous avons l'intention de persuader le lecteur de la valeur des méthodes auxquels nous l'initions, il voudra bien nous permettre une comparaison qui mettra notre pensée en relief. Nous citerons une découverte de notre époque qui n'est plus discutable.

Que faut-il pour manquer un résultat? Presque rien. En électricité, un peu d'acide qu'on n'a pas sous la main, un fil cassé qui arrête la marche du courant, une interversion maladroite, un défaut de contact, un rien, en un mot, rend inutile l'instrument le plus perfectionné, et la théorie serait mise en question si l'expérience du passé ne venait pas en aide pour certifier que la chose est bonne et que l'instrument réglé d'après les principes d'une théorie éprouvée laisse à désirer momentanément.

Il en est de même pour les procédés dont nous nous occupons.

Celui qui sait préparer une pierre est souvent incapable d'obtenir un bon cliché et le photographe, d'autre part, ne connait ni la pierre, ni le rouleau, ni l'emploi des encres grasses. Or, de quelque manière qu'une pierre lithographique soit préparée, que la lumière soit intervenue ou non, il est évident que pour tirer une bonne épreuve, il faut être imprimeur, ou du moins connaître plus ou moins le métier en amateur intelligent.

Nous croyons à l'utilité de ces réflexions. On fera bien d'en tenir compte.

Par la photolithographie, on peut créer ou reproduire un sujet quelconque. Le procédé rend avec toute la perfection que le public le plus difficile a droit d'exiger, tout ce qui peut être représenté par le crayon, par le burin où par l'estompe.

Elle supprime en outre le tirage au sel d'argent, et elle reproduit le portrait et le paysage obtenus à l'aide de l'objectif avec toute la perfection de l'ancien procédé au papier argenté.

Il y a toutefois des distinctions à établir.

Nous indiquerons quatre procédés. On ne devra pas les employer sans discernement, mais choisir celui qui se prêtera le mieux au sujet à reproduire, et on tiendra compte, si on peut opter, du plus ou moins d'avantage qu'il y aura au tirage.

Un dessin, en général, se traduit par des traits ou par des teintes fondues, c'est-à-dire estompées.

Deux des procédés sont applicables aux traits. Les deux autres peuvent seuls rendre les demi-teintes.

Nous dirons cependant que les procédés aux demi-teintes peuvent être appliqués aux traits.

Nous conseillons, à quelques exceptions près, pour le trait, la méthode sur papier coagulé et gommé avec report, et pour les demi-teintes, la couche de gélatine sur cuivre ou sur pierre avec épaisseur.

Mais avant d'entrer dans le détail des procédés, il ne sera pas inutile, puisque nous ne sommes pas lithographes, d'étudier le subjectile principal, c'est-à-dire la pierre qui ne doit être employée que pour le report et dans le procédé à couche mince. La planche de cuivre est plus commode et n'exige que l'emploi d'une presse très commode et de peu de valeur.

Des Pierres lithographiques.

Les pierres lithographiques sont des pierres calcaires, dont les couches sont disséminées dans toute l'Europe. La France en fournit d'excellentes, mais les meilleures viennent de la Bavière.

Les pierres doivent avoir un grain dur et serré. Les

meilleures sont celles dont la surface offre une teinte grise.

La lithographie ordinaire ne considère pas toujours comme pierres de rebut celles qui offrent certaines irrégularités dans la couche. Elles peuvent être employées dans plusieurs cas, mais dans nos travaux sur couche mince de gélatine ou de gomme, ou en cas de report, il faut mettre hors d'emploi toute surface qui offre des taches, des veines ou des marbrures. Ce n'est qu'avec connaissance de cause et par l'habitude du travail qu'il est permis de passer outre.

Ce manque d'homogénéité dans la couche souvent préjudiciable à la bonne exécution du dessin dans la lithographie ordinaire, amène des désordres plus graves dans nos opérations spéciales.

Il est à peu près certain que l'encre que nous appliquerons au rouleau sur la couche sensible qui doit pénétrer dans les pores de la pierre, ne tiendra pas au développement sur les parties ou nous aurons remarqué ces marbrures et ces veines, et même sur une simple nuance en dissonnance avec le ton général de la surface calcaire.

On pourra cependant s'en servir dans la méthode sur gélatine, avec épaisseur, qui a *toutes nos préférences*, car la pierre ne sert qu'à supporter alors la couche que prend l'encre.

Dans tout autre cas, une pierre lithographique doit être spongieuse et absorber régulièrement l'eau projetée sur sa surface. La variété de nuances sur une même surface, indique le plus souvent un défaut d'homogénéité.

La nature, quoique grande et inimitable dans son œuvre, a stratifié les couches à son gré. Il lui importe peu que le mica soit mêlé au granite, le feldpath au silex, et le diamant à la cangue calcaire.

C'est à l'industrie de faire le choix qui convient aux applications dont elle a besoin.

Il faut approprier à nos travaux les matériaux qu'elle place entre nos mains. L'impression photographique serait défectueuse sur un papier sensibilisé, si la couche d'albumine manquait de régularité, ou si une partie de la surface avait été touchée par un corps gras.

L'explication du fait n'est pas nécessaire. Or, il est

facile de comprendre que le silex, plus dur que le carbonate de chaux ou qu'un fragment de ce même carbonate de chaux, d'une cristallisation incomplète, absorberaient plus ou moins d'eau, et que, par suite, le travail héliographique manquerait de régularité.

Il est donc bien entendu, et nous insistons sur ce point capital, que les pierres dont nous ferons usage, à l'exception des cas prévus, auront une teinte générale grise, ou qu'elles seront du moins, d'un ton uniforme jaunâtre, dans toute l'étendue de leur surface.

Ces observations ne s'adressent pas au lithographe de profession qui ne doit s'attacher dans cet écrit qu'aux chapitres ayant trait aux opérations photographiques. Mais nous n'oublions pas que nos expériences doivent surtout être utiles au photographe qui veut compléter l'œuvre de Daguerre, en la conduisant vers son vrai but, c'est-à-dire à l'inaltérabilité des produits.

Il arrive quelquefois que la pierre se brise sous l'effort de la presse. S'il n'y a pas d'éclat à la surface, le tirage peut être continué après le doublage de la pierre.

Il est même prudent de prévoir cet accident, quand on se sert de pierres minces et de la presse ordinaire.

Nous n'avons jamais eu d'accident avec notre table à imprimer qui s'adapte au cylindre photographique.

Mais cet appareil rentre dans le procédé spécial que nous décrirons, et le photographe seul doit l'employer pour éviter l'achat coûteux d'une presse.

Pour doubler une pierre trop mince, on délaie du plâtre fin qu'on étend ensuite sur une seconde pierre de dimensions égales. On applique sur le lit de plâtre la pierre qui porte le dessin, et on imprime un mouvement de va-et-vient pour chasser les bulles d'air et pour asseoir la couche.

Après un quart d'heure, le plâtre a fait prise. On enlève les bavures avec un racloir, et on peut continuer le tirage une demi-heure après.

On rajuste une pierre cassée de la même manière, si le dessin qu'elle porte a une valeur quelconque.

Du grainage et du polissage de la Pierre.

Avant de recevoir la couche photographique, les pierres sont soumises à une opération qui diffère suivant l'emploi.

Il est bien entendu et nous nous adressons au photographe ou à l'amateur, qui n'est pas initié à la lithographie, qu'il ne doit employer que des pierres dressées.

L'industrie les fournit préparées pour l'emploi et au besoin dans les grands centres, on peut faire grainer ou poncer la pierre.

La pierre destinée à reproduire un dessin estompé dans lequel la transition du blanc au noir comporte des graduations de teintes, doit être grainée. Le grain sera en rapport avec la finesse du dessin qu'on veut reproduire.

Ces observations ne sont applicables qu'au procédé à couche mince, car, avec épaisseur dans la couche de gélatine, la pierre n'est plus considérée comme pierre lithographique dans l'acception du mot, mais comme simple support.

On opère comme il suit pour obtenir un grain régulier :

On place la pierre sur une table et d'aplomb.

On commence par la couvrir d'un sable jaune, qu'on se procure facilement à Paris.

C'est le sable que les limonadiers répandent sur le parquet.

A défaut de sablon, on emploiera un produit analogue, et à défaut, de l'émeri fin.

Il est nécessaire de tamiser le sable avant de l'employer.

Nous insistons sur ce détail, qu'il ne faut pas négliger, si on veut obtenir un grainage régulier, et par suite une bonne épreuve.

L'atelier doit être pourvu de tamis gradués, en toile métallique. Les n°s 100, 140 et 200 suffiront. Le sable est d'abord séché au feu sur une tôle, ou au soleil en été. On le passe dans le tamis n° 100.

On reprend le premier rendement et on lui fait subir un second tamisage sur le crible à mailles plus serrées.

Il faut un peu de patience pour obtenir un certain volume de sable n° 2.

On se sert pour arriver au n° 3 du tamis 200. On renferme dans 3 flacons étiquetés, le sable divisé suivant la grosseur du grain

On commence le grainage par le numéro le plus fort

et on poursuit l'opération en employant les numéros qui suivent.

En général, le grain donné par le tamis n° 200, ne sert qu'au grainage d'une pierre poncée pour obtenir une granulation à peine sensible. Le n° 1 peut servir pour un grain ordinaire si on a le soin d'user complètement le sable.

L'opération serait défectueuse si la surface de la pierre était attaquée avec du sable brut. Le pierre serait rayée en tous sens, et l'écrasement du grain ne réparerait jamais les premiers accidents.

La pierre grainée pour la reproduction du cliché photographique, diffère très-peu, d'après ce qui vient d'être dit, de la pierre poncée et polie ensuite.

On doit toujours user, à fond, le sable n° 3.

On obtient le grain de la manière suivante :

La pierre, avons-nous dit, est posée d'aplomb sur la table à grainer. Il est préférable de la tenir isolée sur deux lattes en bois.

On projette un peu d'eau sur la pierre. On prend ensuite une seconde pierre de même dimension que l'on applique sur la première, et on imprime à celle-ci un mouvement de rotation. Les deux surfaces seront grainées en même temps, et on fera un double travail par une seule opération.

On use le sable en faisant rouler en cercle la première pierre sur la seconde.

On ne s'arrête que lorsque le sable est réduit à l'état pâteux. L'adhérence des deux surfaces est une indication certaine du progrès du travail. On lave ensuite les pierres sous une nappe d'eau ou dans un baquet, et on examine si le grain est bien égal et s'il est distribué partout avec la même régularité.

Ce premier travail est ordinairement imparfait, car les pierres, quoique dressées, ne sont pas préparées avec des soins suffisants.

Les surfaces laissent toujours à désirer, il faut cependant obtenir une planimétrie exacte, égale à celle de la glace qui porte le cliché. Il est impossible qu'une glace offre plus d'un plan. Le verre est d'abord coulé, et le polissage n'est que le résultat de l'usure d'une glace sur une autre.

Un défaut de poli sur une matière transparente, trahit un manque de dressage.

Mais sur une pierre polie on ne sera certain d'être dans les conditions exigées, qu'autant que le grain se montrera régulier sur toute l'étendue de la surface.

Ce travail indispensable n'entraîne pas une perte de temps trop longue. L'opération peut être terminée dans un quart d'heure, et le travail sera fait pour les opérations qui suivront.

Quoique l'explication puisse paraître superflue aux gens du métier, qui n'ont que faire de nos conseils dans la partie purement lithographique, nous indiquerons pour d'autres, l'apparence que doit offrir une pierre bien grainée. Un bon grain prépare toujours une bonne épreuve, et il est nécessaire de bien fixer les idées, dans un livre qui n'est pas fait seulement pour les lithographes de profession.

Prenons, par exemple, pour nous entendre, nous, amateurs de photographie, la glace ou le verre sur lequel nous opérons tous les jours. La glace ou le verre sont brillants ou dépolis.

La glace polie sera pour nous la pierre poncée que nous destinerons aux sujets ne comportant que des lignes, comme la gravure.

La glace dépolie sera la pierre grainée. Le dépoli sur la glace en question, peut être plus ou moins fin, suivant le numéro d'émeri qui a été employé à user le verre. Il en est de même pour la pierre.

Si nous avions à dépolir un verre pour la chambre noire, il est clair que le travail nous paraîtrait insuffisant, aussi longtemps que des points ou des parties brillantes se montreraient, et nous ne nous arrêterions que lorsque toute la surface serait d'un mat régulier.

Chacun de nous a remarqué qu'il ne fallait que quelques minutes pour dépolir une glace dont la surface a été d'abord dépolie dans le dressage et repolie ensuite, tandis que le même résultat n'est atteint sur le verre, qu'après un travail long et pénible. La pierre est toujours rangée dans le second cas, et le dressage demande toujours un certain temps.

La pierre lithographique peut être en tout point comparée à la glace dépolie de la chambre noire.

Sur une glace sans finesse, l'image n'offre que des détails confus, mais sur un champ finement achevé, le même dessin se montre à l'œil, dans toute la délicatesse de ses détails.

Ainsi donc, si nous avons à reproduire sur la pierre un dessin grossier, nous grainerons la pierre régulièrement, mais sans user le sable jusqu'aux limites extrêmes. Sommes-nous obligés de fixer sur la pierre des demi-teintes délicates, nous pousserons à fond l'usure du sable.

Après le travail du grainage, la pierre doit être lavée à grande eau, comme nous l'avons déjà dit. On la laisse sécher naturellement pour s'en servir au besoin, et on l'essuie avec soin pour la débarrasser de toute poussière.

Dans la reproduction des gravures et des dessins à la plume, il ne faut employer que les pierres poncées.

Mais cette préparation n'est que supplémentaire, et il est indispensable de grainer la pierre au préalable, le plus finement qu'il se peut.

On ne doit, pour ce travail, n'employer que des ponces douces et friables, et on les use en couvrant d'eau la surface de la pierre.

On peut terminer l'opération à sec, en usant la ponce en poudre sous un morceau de liége.

CHAPITRE III

De la préparation de la Couche sensible

Ceux de nos lecteurs qui nous ont suivi dans le traité sur l'émail photographique, n'ont pas oublié qu'une solution de gomme de glucose, de sucre et de miel, rendue sensible par le bi-chromate de potasse ou d'ammoniaque, a la propriété, sous l'influence du rayon solaire ou de la lumière diffuse, de prendre sous le blaireau la poudre d'émail dans les parties qui correspondent aux revers du cliché positif et qui n'ont pas subi l'influence de la lumière.

Voici l'explication du phénomène qui, produit par la même cause, se traduira sous une forme nouvelle dans les opérations qui suivront.

Cette théorie est simple, mais il est bon de ne pas l'oublier pour l'intelligence des travaux que nous décrirons dans ce livre.

Les produits immédiats : gomme, dextrine, sucre,

glucose, albumine, gélatine, colle de poisson, combinés avec l'acide chromique, subissent une modification rapide sous l'influence de la lumière.

L'acide chromique, du reste, en composition avec la potasse ou l'ammoniaque, et uni aux produits déjà nommés, les modifie de la même manière sans l'aide de la lumière, mais la transformation de la matière est dans ce cas plus lente à se produire.

Pour poser une loi générale, nous admettons que les produits, unis à l'acide chromique, tendent à former dans n'importe quel milieu, avec ou sans l'aide de la lumière, un composé solide de couleur brune et imitant parfaitement l'écaille par l'éclat et la solidité. C'est par l'emploi, du reste, de la gomme, et mieux de la gélatine chromatée, que plusieurs industriels fabriquent la fausse écaille.

Cette transformation qui s'opère lentement dans une masse liquide est, pour ainsi dire instantanée, si la couche est mince et si elle est exposée aux rayons du soleil.

L'explication et le fait une fois admis, voici ce qui se passe :

Lorsque nous exposons dans un chasse-presse, une glace couverte d'une couche de gomme, de gélatine ou d'albumine, sensibilisée par l'acide chromique, les parties pénétrées par la lumière sont insolubilisées plus ou moins suivant l'intensité des ombres. Les parties abritées du jour par les noirs du cliché ne subissent aucune transformation. Or, la gomme dissoute, additionnée de glucose et de miel, constitue un mélange essentiellement hygrométrique.

Après l'insolation, une matière quelconque, broyée finement et promenée à l'aide d'un blaireau à la surface du verre, s'attache sur les parties qui redeviennent humides, en reprenant la température du milieu ambiant. Il n'en est pas de même pour les parties qui ont été influencées par la lumière.

Ces lignes ou surfaces, ont subi une décomposition profonde. Elles ont été insolubilisées par le rayon lumineux, et elles ne sont plus solubles dans l'eau froide comme elles l'étaient avant d'être exposées au jour.

Il faudra employer l'eau élevée à un certain degré de chaleur pour la dissoudre, et le degré de chaleur nécessaire à la dissolution sera en rapport avec l'intensité de la lumière et avec le temps de l'insolation.

Le même phénomène nous servira dans la photolithographie, et nous mettrons à profit cette insolubilité pour fixer à l'encre grasse nos dessins sur la pierre.

Opérons d'abord en supposant que les formules que nous donnerons plus tard, nous soient déjà connues.

La pierre doit subir une préparation, mais prenons-la telle qu'elle sera. Nous y reviendrons après.

Pour l'instant, nous préparons un tampon de coton bien arrondi, et nous l'enveloppons dans un carré de mousseline. Nous imbibons le tampon dans une dissolution de gomme épaisse ou dans l'albumine, sans addition d'eau. Les deux produits doivent être vigoureusement bi-chromatés. Sans donner de proportions, nous dirons, pour guider l'opérateur, que la couleur du mélange doit-être, dans les deux cas, jaune-orange. Le bi chromate peut être en excès. La couche sensible est trop mince et trop rapidement séchée pour donner lieu à des cristallisations. On couvre la pierre du mélange à l'aide du tampon, et on s'efforce, par une pression soutenue, en opérant dans tous les sens, de faire pénétrer le liquide dans les pores de la pierre. Une minute suffit pour disposer la surface, et quand la pénétration paraît suffisante, on prend un chiffon propre et on essuie la pierre.

Cette seconde opération est de la plus haute importance.

Il ne faut pas craindre d'enlever ce qu'on a mis. La pierre doit être essuyée et polie, et l'opération ne sera terminée que lorsque, par le passage du chiffon, on supposera qu'il ne reste plus rien de la couche sensible. Il suffit qne la préparation bi-chromatée pénètre dans les pores de la pierre.

C'est dans cette simple opération que réside tout le secret de la photolithographie sur couche mince.

Aussi, sans crainte de nous répéter, et pour ne laisser aucune supposition à faire au lecteur, nous lui dirons : Barbouillez, comme vous l'entendrez, la surface d'une pierre lithographique, largement, sans gêne, ne craignez pas d'user un peu d'albumine ou de gomme.

Tâchez de faire pénétrer le mélange chromaté dans les pores de la pierre, et après une ou deux minutes de friction, essuyez la surface avec la même énergie que vous avez mise à la couvrir.

La pierre ne peut donner un bon dessin qu'autant que la surface en est polie comme une glace.

Après l'exposition dans la presse que nous décrirons plus loin, cette surface polie sous le tampon, aura subi la modification dont nous avons parlé.

Les parties correspondantes aux clairs du cliché ne seront plus solubles dans l'eau froide.

Tout ce que la lumière n'aura pas atteint, sera soluble, ou suivant le cas, ne retiendra pas le noir d'impression.

Si nous couvrons alors la pierre, à l'aide d'un rouleau d'encre lithographique, le noir n'aura pas la même adhérence sur toute la surface et au traitement à l'eau gommée et acidulée, dont il sera parlé, l'encre, sur la partie non insolée, ayant pour support une couche soluble, quittera la pierre, puisque la couche elle-même sera dissoute par l'eau, et le noir d'impression sera entraîné avec la couche de gomme.

L'encre résistera, au contraire, à l'attaque de l'eau sur les points insolubilisés. Dans des parties, le noir adhérera avec une grande énergie et la pierre, la couche et l'encre ne formeront, pour ainsi dire, qu'un seul et même corps.

L'encre d'impression, quand le tirage est achevé, ne peut quitter la pierre que contrainte à céder par une force mécanique.

Nous aurons recours à la ponce pour arracher par l'usure le dessin que la lumière a fixé.

Cet enlevage est nécessaire, car l'encre et son support de gomme, de gélatine ou d'albumine, incorporés à la pierre après l'acidulation, reprendrait le noir sous le rouleau, si on se contentait d'un simple lavage à l'essence. La pierre ne peut être recouverte d'une nouvelle épreuve qu'après le traitement violent. Si on n'usait pas par le grainage ou le ponçage un quart de millimètre de la surface, on retrouverait au prochain encrage le dessin préexistant enchevêtré dans le nouveau.

Il faut d'autant plus de soin que le dessin primitif est resté plus longtemps sur la pierre.

La pierre lithographique n'est pas la seule surface susceptible de retenir l'encre, même en employant la couche mince essuyée au tampon.

Ce travail peut être exécuté sur n'importe quel métal pourvu qu'il soit grainé. Nous exceptons les plaques d'acier qui seraient attaquées par le bi-chromate.

On doit donner dans cette méthode la préférence au zinc.

L'opération est plus délicate sur ce métal et en voici la raison.

La pierre offre une surface pénétrable à l'eau, et la porosité nous aide considérablement dans le lavage qui nous permet de dissoudre immédiatement la couche dans les parties solubles.

Le métal n'offre pas la même ressource. Comme il n'est pas pénétrable, nous n'avons recours que sur la couche sensible et si la pose n'est pas exacte, un commencement d'insolubilisation dans les parties qui devraient céder au lavage, met l'opération en danger.

La pierre, au contraire, s'imbibant d'eau, le point à moitié insolubilisé, se trouve miné en dessous et cède sous l'effort du rouleau. Il se détache même par simple immersion.

Le travail photolithographique peut tout aussi bien

être fait sur papier et nous donnerons deux méthodes applicables aux traits.

Le papier est, en effet, comme la pierre, spongieuse et pénétrable à l'eau. Mais il ne serait pas possible d'obtenir un tirage productif sur une surface si peu résistante.

Aussi ne pourra-t-on en exiger qu'une seule épreuve, qui sera reportée sur pierre ou sur zinc, mais seulement en vue du tirage typographique que nous traiterons dans un autre volume.

Par le transport sur pierre de l'épreuve obtenue sur papier, nous rentrerons de plein pied dans la lithographie ordinaire et nous réduirons à leur juste valeur les objections de ceux qui prétendent que le dessin fait sur la pierre, par le nouveau procédé, n'a pas la même solidité que le travail au crayon préparé par le dessinateur.

Ces objections, du reste, n'ont plus de portée aujourd'hui par suite des travaux exécutés par la photolithographie.

C'est sur le sol français le plus souvent que l'idée nouvelle jaillit. Nous trouvons, et nous pouvons le dire sans présomption. Mais on nous enlève nos découvertes et nous sommes toujours les derniers à tirer parti de nos propres inventions. Il nous serait facile d'en donner plus d'une preuve, dans notre partie surtout, si nous voulions tant soit peu nous écarter de notre sujet.

On a nié jusqu'à cette heure l'importance de la photolithographie. L'affirmation sans connaissance de cause est un travers, nous ne dirons pas de notre époque, mais de tous les temps. La négation supprime tout travail et toute recherche. Les esprits les plus distingués ne sont pas exempts de ce travers. Walter Scott plaisantait les ingénieurs qui prétendaient éclairer Londres avec de la fumée, c'est-à-dire le gaz.

Il y a bien des causes qui ont entravé le développement de la photolithographie. Le brevet d'abord qu'on voudrait encore nous imposer, le mauvais vouloir ensuite et enfin la nouveauté du procédé.

Aujourd'hui le brevet est périmé, et si le lithographe veut bien suivre nos indications et s'écarter de la routine, nous lui assurons qu'il trouvera dans le procédé une large compensation aux quelques journées de perdues dans les premiers essais. Cinq ou six jours de manipulation lui suffiront s'il possède les connaissances photographiques nécessaires.

Nous nous adressons de préférence aux photographes. Par la méthode sur pierre ou sur zinc, à couche épaisse qui se prête à tout, ils arriveront en quelques jours à manier le rouleau assez habilement pour se passer du concours de l'imprimeur.

Il est inutile, du reste, de se roidir contre le progrès. La lutte peut se prolonger un certain temps, mais la routine finit toujours par succomber.

Dans une infinité de cas, le dessinateur doit aujourd'hui céder la place au photographe.

Nous pourrions citer des industries dans lesquelles vingt dessinateurs sont remplacés par un seul artiste qui, à l'aide de l'objectif, peut suffire à tous les besoins.

Les mains qui déposent le crayon dans les centres industriels ne restent pas toutefois inoccupées; car si les métiers Jacquart, en simplifiant et en activant le travail dans la fabrication des tissus, ont supprimé la main de l'ouvrier, employé comme machine, l'ouvrier s'est reporté sur la matière première et il a contribué à sa production immédiate, dont le stock annuel a été forcé de s'accroître en raison de la rapidité de la fabrication.

Il suffit de connaître le dessin et quelques procédés inhérents au métier pour être lithographe; pour sculpter le bois et livrer ensuite une planche en relief aux journaux illustrés, il faut à la fois savoir manier le crayon et le burin, et pour définir notre pensée, nous ajouterons que pour être imprimeur photolithographe, la réunion, dans un seul individu, de ces connaissances, est nécessaire au lithographe et au photographe.

Le moment est arrivé ou ces deux industries doivent être greffées l'une sur l'autre.

Si les imprimeurs voulaient se rendre compte des ressources sans limites des procédés que nous exposons et nous pouvons les en faire juges, ils ne perdraient pas une minute pour se mettre à l'œuvre.

CHAPITRE IV

Préparation de la Couche sensible sans épaisseur.

Pour préparer la couche sensible qui doit être appliquée sur la surface de la pierre préalablement préparée à la recevoir, il faut prendre deux blancs d'œuf et les battre en neige en y ajoutant six grammes de bi-chromate d'ammoniaque réduits en poudre, il ne faut aucune addition d'eau.

La préparation peut être faite quelques minutes seulement avant l'emploi. Au bout de quelques instants, l'albumine bi-chromatée se sépare de la fibrine. Il en faut peu, et on en trouvera toujours assez sous la mousse pour la préparation de cinq ou six pierres. Le filtrage est inutile.

Quoique l'albumine soit d'un bon emploi et susceptible de rendre le dessin avec beaucoup de finesse, on peut cependant employer la gomme arabique.

Les surfaces albuminées fournissent un tirage plus long, mais le travail est plus facile par l'emploi de la gomme.

Dans ce dernier cas, on tiendra la solution épaisse et la quantité de bi-chromate sera en rapport avec la vigueur du dessin à reproduire.

Il est inutile de donner des proportions définies. Pour préparer convenablement le mélange chromaté, on remplit aux deux tiers de gomme arabique un récipient quelconque. L'eau nécessaire à la dissolution ne doit occuper que les vides laissés par la gomme.

Après un ou deux jours, on ajoute à une partie quelconque de la gomme dissoute, un tiers de son volume d'eau saturée par le bi-chromate de potasse.

Ce mélange se décompose promptement. On doit le renouveler chaque jour.

On le passe, pour le débarraser de toute impureté, à travers un carré de mousseline à mailles fines.

On étend alors, en s'aidant d'un blaireau ou d'un

chiffon, la gomme préparée sur la pierre sans s'occuper le moins du monde de la régularité de la couche.

L'essentiel est que toute la surface à préparer en soit couverte.

Sans attendre, on essuie la pierre avec un chiffon propre, et par un frottement vigoureux, on tâche, en éliminant l'excédant, de faire pénétrer, pour ainsi dire, la gomme ou l'albumine bi-chromatée dans les pores de la pierre. On continue l'opération avec un linge souple mais non pelucheux jusques au moment où la surface se montre brillante. La pierre doit être séchée par le passage réitéré du chiffon. Il ne faut pas craindre dans ce traitenent d'enlever la gomme préalablement appliquée. Il faut qu'il n'en reste aucune trace sur la surface, les pores seuls doivent être pénétrés.

Ce serait une erreur de croire qu'une couche bien unie et appliquée délicatement au pinceau pût remplir le même but dans ce procédé.

Le dessin, en suivant ce mode de préparation, serait en tous points défectueux.

L'encre, du reste, déposée au rouleau sur une couche extérieure trop mince, n'aurait aucune adhérence par suite du traitement spécial par l'eau, immédiatement après l'insolation, traitement qui fait la base de cette première méthode, car nous agirons autrement sur la couche de gélatine quand nous la verserons sur la pierre avec épaisseur, et nous arriverons alors à des résultats qu'on n'oserait pas même espérer.

Sans crainte de nous répéter, nous dirons encore que la pierre prête à être insolée doit être lisse et brillante comme un cliché vernis.

Nous verrons plus loin qu'on doit choisir tantôt une pierre grainée, tantôt une pierre poncée ou polie.

Le brillant, dans le premier cas, n'égalera jamais, malgré le passage réitéré du tampon, l'éclat de la pierre poncée, mais il faut se mettre en place du vernisseur sur bois qui obtient une surface lisse en plus ou en moins, en raison du bois sur lequel il travaille.

Quand la pierre a été préparée, la couche doit rester un quart d'heure au repos, à l'abri de la lumière.

Ce temps suffit pour arriver à une dessication suffisante.

On sèche plus vite en se servant d'un morceau de

carton qui sert, comme un éventail, à projeter l'air sur la pierre.

Si la pierre préparée doit être garantie de la lumière avant l'exposition, c'est que la gomme bi-chromatée est à l'état sec. Mais, en général, toutes les préparations bi-chromatées, à l'état humide, peuvent supporter une lumière moyenne sans rien perdre de leur sensibilité.

Ainsi, la liqueur sensible que nous avons indiquée dans notre traité sur l'émail aussi bien que la gomme ou l'albumine sensibilisée, sont conservées sans danger dans un flacon en verre blanc et en pleine lumière. Les précautions inutiles doivent être écartées pour la simplification du travail.

Ces préparations chromatées, à l'état liquide, sont à peine influencées par le jour qui les décompose instantanément si la couche est mince et à l'état sec.

On place la pierre préparée sur le cliché négatif et dans le châssis dont la description sera donnée plus tard. Quand le doigt passé sur les marges de la pierre ne laisse aucune trace, c'est une preuve que la pierre est dans un état de dessication suffisante. Elle est prête à ce moment à être insolée.

Le temps qui doit s'écouler entre la préparation et l'exposition varie nécessairement suivant la saison et le milieu dans lequel on opère.

On doit toujours faire usage d'un cliché négatif. Sans nous arrêter ici sur la valeur des clairs et des noirs, nous dirons seulement que le cliché doit être retourné, afin d'obtenir le dessin et les lettres du dessin sur la pierre dans un sens opposé. Dans le tirage sur papier, l'épreuve sera remise dans le vrai sens. Nous donnerons plus loin une autre méthode qui n'exige pas de clichés retournés, mais elle ne pourra servir que pour le trait.

Il n'est pas difficile d'obtenir un cliché retourné.

On retourne d'abord la glace dépolie dans le châssis de la chambre noire. La surface dépolie qui se trouve à l'intérieur, dans tous les appareils, doit être posée en sens inverse pour le cas qui nous occupe, et le côté brillant du verre doit faire face à l'opérateur. Par ce changement, nous n'aurons pas à nous préoccuper de l'épaisseur du verre dans la mise au point, et nous choisirons pour opérer des glaces de même épaisseur que celle sur laquelle on met au point dans la chambre noire. Dans ces travaux, du reste, il faut renoncer à l'emploi du verre. La glace de Saint-Gobain doit seule être employée.

Cette modification que nous faisons dans l'appareil entraîne naturellement le retournement de la glace collodionnée, et un changement dans le châssis qui doit la recevoir. Le ressort attaché sur la porte du châssis est supprimé et on colle aux quatre angles de cette porte des fragments de liége d'une épaisseur calculée pour que la glace collodionnée soit maintenue en place.

Le liége portant sur le collodion, puisque le collodion se trouve en dehors, est nécessairement entamé aux quatre angles; mais on prévoit cet accident en employant une glace d'une dimension un peu plus grande et le dessus reste toujours intact.

On comprend qu'il soit nécessaire d'essuyer le dos de la glace avec un soin minutieux, puisque l'impression est faite à travers l'épaisseur du verre. Chaque goutte d'eau ferait tache sur le négatif.

Nous donnerons d'autres détails dans le chapitre spécial aux clichés.

Du Châssis à reproduction.

Si la pierre lithographique avait la souplesse et le peu d'épaisseur du papier albuminé, nous n'aurions aucun changement à faire au châssis d'impression vulgairement employé en photographie.

Le manque de flexibilité de la pierre, qui nous force d'abord à nous servir exclusivement de glaces pour établir un contact exact entre les deux surfaces superposées, nous oblige d'autre part, à donner plus de profondeur au châssis, mais il n'est pas nécessaire d'avoir recours à une construction particulière. Les modifications à apporter au châssis ordinaire sont fort simples. Il suffit de visser sur les côtés de l'appareil quatre planches de quatre ou cinq centimètres. On transforme le châssis en une boîte dont la glace sert de fond. La hauteur de ces planchettes est calculée sur celle des pierres lithographiques qui, dans les dimensions de 13×18 sont de trois ou quatre centimètres. On ferme la boîte par un couvercle à charnières d'une solidité suffisante et quatre crochets fixent le couvercle quand la boîte est fermée. Ces crochets doivent être assez forts pour résister à la pression des vis dont nous allons parler.

On trouvera, du reste, dans notre maison tous les accessoires nécessaires.

Sur le couvercle du châssis transformé, on fixera cinq platines en cuivre. Ces platines reçoivent chacune une vis de pression.

Dans l'appareil ainsi disposé, on place le cliché sur la glace du châssis et on y applique la surface de la pierre préparée.

Le couvercle est alors rabattu et fixé par les crochets.

On fait jouer également les vis de pression l'une après l'autre et on s'arrête quand la pierre est suffisamment pressée sur le cliché.

On expose ensuite à la lumière.

Pour les premiers essais, le châssis transformé n'est pas rigoureusement indispensable.

On peut appliquer directement le négatif sur la pierre, s'il est sur glace; on pose sur les angles des masses lourdes de plomb pour établir le contact.

Il est utile, dans cette méthode, de coller sur le verso du cliché des bandes de papier noir pour déterminer les marges.

La lumière doit être arrêtée brusquement là où finit le dessin. Cette précaution serait nuisible dans le procédé à couche épaisse. Nous verrons bientôt que l'emploi de la gomme, de la gélatine ou de l'albumine, n'est pas indifférent, mais qu'elle que soit la nature de la couche sensible, le cliché destiné à la lithophotographie requiert certaines qualités qui sont en général le contraire de celles qui donnent de bons résultats sur le papier nitraté.

Dans ce dernier cas, on recherche le fondu dans les ombres. Nous voulons, au contraire, des oppositions franches et il nous faut sans transition passer du blanc au noir.

Les pierres peuvent être retouchées à l'aide du crayon lithographique avant l'acidulation.

Dans l'industrie, en général, rien ne se fait d'un

seul jet, et cette vérité a beaucoup plus d'extension qu'on ne le croit. Le fondeur est forcé de tourner le métal, et pour obtenir l'éclat, le verrier polit la surface de la glace.

La machine ou le procédé, produisent avec économie et avec gain de temps, mais la main de l'homme peut seule compléter une œuvre.

CHAPITRE V

De l'opération héliographique.

On reprend la pierre quand elle est sèche.

On la couvre à l'aide d'un tampon de mousseline, soit d'albumine, soit de la solution épaisse de gomme bi-chromatée.

Cette préparation ne doit pas être superficielle ; le bi-chromate, mêlé à la gomme, doit pénétrer dans les pores mêmes de la pierre. Il ne faut pas se préoccuper de ce qui pourra rester sur la pierre de la préparation sensible, et il ne faut pas craindre de l'enlever en passant sur la surface un nouveau tampon sec pour chasser d'abord l'excédant, et pour sécher la surface. La pierre calcaire étant spongieuse de sa nature, absorbe la préparation, et il ne faut pas se préoccuper de la surface qu'il faut polir, au besoin, à l'aide d'un troisième chiffon. On abandonne ensuite la pierre à elle-même, et on attend qu'elle soit sèche. On peut, pour aller vite, placer près du feu la surface préparée, si on n'a pas une étuve à sa disposition. En se servant du reste du carton à ventiller, on sèche la surface en peu de temps.

Nous plaçons alors le cliché négatif dans le châssis disposé comme il a été dit. La pierre est ensuite mise sur le cliché, et les vis étant serrées et la pression régulièrement établie, nous portons le châssis au jour.

Le temps de pose est toujours le point difficile à déterminer, nous n'avons aucune règle à donner.

Nous dirons seulement, et nous serons compris des lecteurs qui ont l'habitude des opérations photographiques, que les principes immédiats unis au bi-chromate de potasse ou d'ammoniaque offrent toujours le même phénomène, dans l'emploi du papier gélatino-charbonneux, dans la photographie au charbon, et avec la glace recouverte de gomme et de glucose, qui prend la poudre d'émail. La pose est exagérée si l'image apparaît après l'exposition avant le travail du développement. Il en est de même pour la pierre. Aucune trace d'image ne doit apparaître à la surface quand on la sort du châssis, ce sera le contraire dans le procédé sur couche épaisse.

Il sera donc, d'après ces explications, facile de reconnaître si l'exposition à la lumière a été trop longue. Nous verrons tout à l'heure à quels signes nous reconnaîtrons le manque d'insolation. Quelques expériences suffisent pour être à même d'insoler régulièrement. Mais pour préciser davantage, trente secondes environ suffisent au soleil. Il faut à l'ombre, par une bonne lumière, de deux à quatre minutes.

II

Encrage de la Pierre.

Deux appareils sont indispensables pour encrer la pierre. Cette opération doit être faite dans le cabinet noir où nous avons préparé la surface.

On prépare l'encre qui doit être de l'encre de report, en l'additionnant de vernis gras. On rend le mélange intime en se servant du couteau à ramaser, et on en couvre d'une couche mince, toute la superficie du rouleau.

Il faut deux rouleaux à encrer. Ils servent à tour de rôle. Ces appareils doivent subir un traitement préalable. Il doivent être faits, et il faut un certain temps pour les rendre propres à l'emploi. Mais il est impossible de faire un bon encrage si les rouleaux ne sont pas en état de fonctionner convenablement.

Voici la manière de les préparer. Le travail est ennuyeux, mais il est indispensable. Il n'est pas à refaire du reste, car un bon rouleau sert indéfiniment, il s'améliore par l'usage, s'il est soigné.

On prend une pierre lithographique qui ne doit servir qu'à cette fin, et on y applique, à l'aide d'un couteau en fer, un peu d'encre délayée avec le vernis gras, qui est le complément du noir d'impression.

Le lecteur fera bien de ne pas tenter de préparer ces produits dans le laboratoire. L'industrie est mieux outillée et on les trouve sans difficulté.

Nous donnerons cependant les meilleures formules à la fin du livre.

On roule alors, en appuyant vigoureusement dans

tous les sens. Le cuir du rouleau s'imbibe peu à peu.

Il prend avidement le noir au début, mais après quelques heures de travail, il en est imprégné suffisamment.

On peut s'en servir alors pour encrer la pierre. Il peut suffire aux premiers essais, mais il ne pourra rendre tous les services qu'on lui demande, que plus tard, quand il aura été durci par l'usage, et que le grain sera fait. Le second rouleau, dont nous déterminerons l'emploi, subira le même traitement.

Pour charger l'appareil de noir d'impression, on le roule lentement sur la pierre à encrer, en exerçant une pression suffisante. On recommence cinq ou six fois. cette manœuvre de bas en haut. Il doit quitter la pierre quand il a atteint sa course et rouler sur lui-même, si l'appareil est à fourchette, pour être appliqué de nouveau dans le bas de la pierre et remonter avec pression vers l'autre extrémité. On le promène ensuite en diagonale de gauche à droite, et réciproquement. L'encrage est régulier quand le rouleau court et traîne sur la pierre avec un crépitement particulier. On s'aperçoit à ce moment qu'il oppose une certaine résistance quand on veut le détacher de la table au noir. Le mouvement de va et vient devient pénible pour le bras qui exerce l'instrument.

Ce point atteint, nous plaçons d'aplomb la pierre insolée et nous roulons de bas en haut vigoureusement et à plusieurs reprises. Nous opérons de gauche à droite et inversement en suivant la diagonale. On ne s'arrête que lorsque la pierre offre une surface noire et uniforme.

Nous n'apercevons jusque là aucune trace de dessin, et comme dans la photographie au charbon, nous sommes en présence d'une surface noire sur laquelle rien n'est indiqué.

C'est à ce moment que le second rouleau trouve son emploi. Le premier sert à encrer la pierre, nous employons le second pour développer l'image.

Ce développement est rapide, instantané.

Nous disposons à cet effet un récipient plein d'eau fraîche dans lequel la pierre toute entière puisse être immergée. On mêle à l'eau 2 0/0 d'acide nitrique et la même quantité de gomme en poids.

Sans hésitation nous plongeons la pierre dans l'eau préparée et nous la retirons immédiatement. L'eau ne doit la couvrir que pendant une seconde, ce point est important. Ce traitement irrégulier, et qui n'a pas de précédent, pourra surprendre le lecteur. Peu importe, nous l'engageons à opérer suivant les indications que nous donnons, car le résultat en sera la conséquence immédiate.

La pierre ruisselante est posée sur une table, et prenant alors le second rouleau, nous opérons comme si nous voulions l'encrer une seconde fois, mais le travail que nous allons faire est l'inverse du premier. L'encre quitte alors la pierre dans les parties qui doivent rester blanches. Elle s'attache au rouleau qui la retient. En un mot, le corps gras s'attache au corps gras. Nous avons dit au début qu'un des principes de la lithographie était la répulsion que les corps gras avaient pour l'eau. Nous revoyons ici l'application de cet axiome.

Au début de cette opération, le rouleau doit courir légèrement sur la pierre. On exerce plus de pression à mesure que le développement avance.

Il est facile de comprendre pourquoi l'encre abandonne la pierre sur certains points, tandis qu'elle reste adhérente sur d'autres.

La gomme bi-chromatée, influencée par la lumière, étant devenue insoluble, résiste à l'attaque de l'eau et le noir, s'appuyant sur une base solide, ne cède pas.

Le contraire a lieu pour les parties qui ont été soustraites à la lumière par les noirs du cliché négatif. La solution de gomme n'a rien perdu de sa solubilité dans l'eau; elle est donc dissoute par l'immersion, et sur ces points, le noir se détache à mesure que le support ou la gomme est dissoute, et l'encre s'attache au rouleau.

Le développement est une opération mécanique, simple et rapide. C'est sur ce point cependant que toute l'attention de l'opérateur doit se porter.

On nous permettra donc d'entrer dans quelques détails.

Nous passons donc le rouleau après l'immersion rapide de la pierre dans l'eau acidulée et gommée.

L'action de ce contact offre le même intérêt que le passage du bain de fer sur la glace nitratée et insolée.

L'image est révélée immédiatement et dans toute sa netteté si la pose est exacte surtout avec la gomme, l'action est plus lente sur gélatine et sur albumine. Le rouleau même n'est pas nécessaire pour se rendre compte du résultat. L'image se montre sous la nappe d'eau. Elle se trouble, il est vrai, aussitôt que l'eau n'agit plus sur la surface encrée. C'est le rouleau qui doit réparer ce désordre momentané. On le passe d'abord délicatement sur le dessin et ensuite plus vigoureusement, et après un travail de quelques minutes, l'encre se fixe sur les lignes qu'elle doit noircir et abandonne les marges de la pierre et les blancs de l'épreuve.

Nous supposons dans ce cas que la pose est exacte.

Cette immersion après l'encrage de la pierre dans l'eau gommée et acidulée avant que le dessin ne se soit révélé, s'éloigne du procédé suivi en lithographie ordinaire.

Nous prions le lecteur de ne pas confondre deux opérations différentes.

Nous aurons aussi recours à l'acidulation du lithographe. Nous fixerons plus tard notre dessin en suivant la méthode usitée. L'emploi de la gomme acidulée dont nous parlons ici, est inhérente au procédé. Il n'est pas possible, en quelque sorte, d'obtenir le dessin sans l'aide du mélange de gomme et d'acide pendant le développement.

Ce point demande explication. Il est en quelque sorte la clef de la méthode que nous exposons.

Ce que le lithographe sait fort bien, mais ce qui est peut-être ignoré de beaucoup de nos lecteurs, c'est l'emploi de la gomme acidulée.

Nous avons dit ailleurs que la ligne tracée au crayon gras sur la pierre y adhérait avec force et nous avons ajouté que sous l'action de la presse, cette ligne avait une tendance à s'élargir.

Pour prévenir cet accident, le lithographe gomme d'abord la pierre et l'acidule ensuite. Il y a quelquefois unité dans l'opération, on mélange alors la gomme et l'acide azotique. L'acide est à 2 0/0 en proportion avec l'eau employée.

L'opération est d'autrefois dédoublée. On passe l'eau gommée

Eau............	100 cent.
Acide azotique...	2 grammes,

on sèche la préparation avec la main en décrivant des cercles sur toute la surface de la pierre et on laisse sécher.

Le lendemain, ou quelques heures après, on lave la gomme et on couvre la pierre d'eau acidulée

Eau............	100 cent.
Acide azotique...	2 centigrammes.

c'est ce que nous appellerons l'acidulation normale.

Cette méthode appliquée après coup, diffère, comme on le voit, de l'acidulation et du gommage que nous faisons subir à la pierre, même avant le développement du dessin.

Ce traitement anticipé de la surface encrée, est une des bases du procédé.

Nous établissons cette distinction pour qu'il n'y ait pas confusion dans l'esprit du lecteur.

Le dessin, avons-nous dit, se montre sur la pierre sous l'eau avant l'emploi du rouleau; mais toutes les lignes se confondent aussitôt que la surface encrée abandonne le milieu du liquide.

Nous prions le lecteur de nous suivre avec attention à ce moment important et capital de l'opération.

Sous la pression du rouleau, l'encre qui s'étalait sur toute la pierre, rentre dans ses limites, et quitte les blancs du dessin pour s'attacher au rouleau. Pendant cette opération, le dessin est toujours net, mais comme il y a excès d'encre sur la pierre, le dessin se trouble de nouveau si l'action du rouleau cesse, et à moins d'avoir une pose exacte, et nous expliquerons pourquoi, il ne serait pas possible d'empêcher le noir d'impression de s'étendre hors des lignes sur lesquelles il devrait se fixer sans se déverser sur les points voisins.

On peut comparer l'encre à l'eau d'un ruisseau qui déborderait dans tout son parcours et qu'il faut endiguer pour le forcer à rester dans son lit.

Il nous faut donc avoir recours à l'acidulation et au gommage qui doit se faire avec une grande dextérité par l'immersion de la pierre. C'est en quelque sorte le bain de fer qu'il faut jeter en nappe régulière et d'un seul coup sur la glace collodionnée sous peine d'avoir des taches et des parties irrégulières dans le cliché. Le cas est identique.

Quand à l'aide du rouleau, nous avons maintenu suffisamment l'encre sur les lignes et que le dessin paraît fixé, nous portons la pierre sous le robinet de la fontaine du laboratoire.

Les quelques secondes nécessaires au déplacement amènent encore un grand désordre dans les lignes. On ne doit pas s'en inquiéter.

On fait couler l'eau en nappe sur la surface de la pierre et l'encre reprend sa place. S'il y avait encore écart, ce qui arrive quelques fois, le dessin serait définitivement fixé par un dernier coup de rouleau.

On laisse alors sécher la pierre. On fait les corrections, s'il y a lieu, au crayon lithographique et on gomme pour aciduler ensuite.

Ce qu'il faut observer en développant.

Dans le développement que nous finissons d'expliquer, nous avons supposé que la pose était exacte. Mais les choses se passent autrement s'il y a excès d'insolation ou manque de pose.

Dans le dernier cas, le noir est entièrement enlevé sous la couche d'eau et il reste à peine sur la pierre

4.

une trace d'image d'un ton gris. Les noirs n'ont pas de vigueur. L'opération est à recommencer.

Si l'exposition à la lumière a été trop prolongée, l'encre abandonne difficilement la pierre, l'image, malgré la couche noire qui la recouvre, laisse entrevoir quelques contours sous l'eau. Le rouleau la dégage, mais elle se montre sans netteté et l'encre adhère fortement sur les marges. Un travail prolongé améliore le dessin, mais on arrive rarement à le rendre propre au tirage. Nous ferons observer toutefois qu'on peut se tromper dans ce dernier cas. Telle épreuve qui paraît trop insolée, se développe très bien sous l'action du rouleau. Si après l'immersion, l'image commence à se dégager, quoique recouverte par une teinte grise générale, le développement doit être continué, car l'épreuve peut devenir très belle. Dans ce cas, on plonge de nouveau la pierre dans l'eau préparée, mais rapidement. Une seconde d'immersion suffit. On recommence ensuite le traitement au rouleau.

En général, on amène presque toujours les épreuves qui se montrent d'abord voilées par une teinte grise. La couche d'encre qui adhère sur les blancs par suite d'un léger excès d'insolation, finit par s'attacher au rouleau si on a le soin de fatiguer la couche.

Nous préférons donc un léger excès dans le temps de pose puisqu'on arrive au résultat par le travail du rouleau, et nous dirons que la vraie pose est celle qui pèche par excès. Il est plus agréable d'apercevoir une image parfaite en immergeant la pierre dans l'eau, mais après une pose insuffisante il est rare qu'une partie des déliés ne soient pas perdus dans le développement.

On ne doit plus toucher à la pierre quant on est satisfait de l'épreuve. On la laisse reposer et sécher jusques au lendemain. Dans l'intervalle, l'encre, en s'évaporant, contracte beaucoup d'adhérence.

Gommage. — Acidulation. — Emploi de l'essence de Térébenthine.

La gomme, en solution épaisse, est indispensable dans l'atelier. Elle sert au tirage et au gommage.

On reprend donc la pierre laissée la veille et on couvre de gomme la surface encrée. On s'efforce en l'étalant vigoureusement avec la paume de la main, de la faire pénétrer dans les pores. On sèche la gomme par la friction.

On laisse encore une fois reposer le tout et on acidule quelques heures après.

Mais il faut auparavant dégager la surface de toute trace de gomme, par un lavage complet, sous un robinet ou dans un baquet d'eau.

Dans ce procédé, il n'est pas nécessaire que l'acidulation soit aussi vigoureuse que dans la lithographie ordinaire.

On peut obtenir beaucoup de solidité et un long tirage, si l'eau additionnée d'acide nitrique est franchement acide à la langue.

On laisse agir l'acide dilué pendant une minute, et moins si le dessin est trop attaqué.

L'acide nettoie la pierre et la dégage de tous corps étrangers. Nous avons dit que l'encre lithographique en contact avec la pierre forme un savon calcaire. Le rôle principal de l'acide est de décomposer le savon et de mettre le corps gras en liberté. Il faut laver ensuite à grande eau et le tirage, dès que la pierre est sèche, peut être commencé.

Il est d'usage, en lithographie, d'effacer à l'essence, après un premier encrage, le dessin préparé au crayon ou au lavis par l'artiste.

L'épreuve vient ensuite plus pure et plus nette sous le rouleau.

Il reste à peine trace du dessin après cette opération. Le trait se montre faible et gris, mais il remonte peu à peu sous l'effort du rouleau pour reprendre sa première vigueur.

On rencontre quelquefois certaines difficultés pour ramener la pierre à reprendre l'encre, surtout quand on a employé un acide trop fort. On dit alors que la pierre est brûlée.

Nous donnons ces explications pour ceux qui ne sont pas initiés au métier, et qui supposeraient qu'un dessin enlevé par l'essence est un accident irréparable.

Rien n'est perdu et le dessin reparaît toujours sous le rouleau.

En effet, chaque épreuve au tirage enlève toute

l'encre qui doit être renouvelée constamment dans le cours de l'impression.

L'enlevage à l'essence est du reste souvent indispensable, car la pierre s'empâte quelquefois, si la surface n'est pas suffisamment humide, et si le rouleau est trop pourvu d'encre. On est alors forcé pour dégager le dessin, d'enlever tout le noir qui adhère à la pierre, et d'encrer de nouveau la surface plus moette en tenant le rouleau moins chargé de noir. Nous reviendrons sur les détails en parlant de l'encrage qui se fait de la même manière, quelque soit le procédé.

Après cette explication, nous dirons que l'emploi de l'essence au début du tirage serait souvent nuisible en photolithographie. Mais nous ne parlons que du cas spécial qui nous occupe, car nous, nous enlèverons le dessin dans d'autres procédés.

Mais dans celui-ci, on fera bien d'encrer sur le premier dessin donné par la méthode, on n'enlèvera l'image que si le cas l'exige. Les premiers tirages fortifieront la pierre, et si un accident arrive et qu'on soit forcé de la nettoyer, on sera alors certain que la surface reprendra l'encre.

CHAPITRE VI

Des Clichés destinés à la Photolithographie

On a à reproduire des demi-teintes ou du trait.

Un cliché de demi-teintes, portraits, crayon ou paysages, doit être tel qu'il puisse recevoir l'approbation du photographe ou de l'amateur qui connait toutes les ressources de la photographie.

C'est par le tirage ordinaire qu'il faut le juger. S'il donne avec une grande netteté sur papier argenté, et si les blancs et les noirs offrent l'harmonie voulue, il fournira des résultats analogues dans l'impression aux encres grasses.

Nous ferons remarquer cependant que les clichés vigoureux mais à teintes bien fondues, donnent de meilleurs résultats.

Dans le tirage aux sels d'argent, la lumière met un certain temps à réduire le chlorure.

La décomposition s'opère lentement, elle se fait par degré. La couche à réduire est d'ailleurs sans épaisseur appréciable et le chlorure d'argent se groupe atome par atome.

Il n'en est pas de même quand la lumière n'accomplit pas son œuvre à elle seule, et quand on est contraint de suppléer son action par un procédé mécanique.

Ce ne sont plus alors les lois d'attraction qui superposent atome sur atome, mais le résultat dépend en partie de la main qui juxtapose à l'aide du blaireau ou du rouleau lithographique molécule sur molécule.

On couvre avec épaisseur, et la main si délicate qu'elle soit, ne saurait continuer avec la même précision le travail délicat, microscopique, préparé par la lumière.

Il nous faut donc chercher dans un cliché harmonieux cette dégradation de teintes et de demi-teintes qui facilitent la répartition graduée de l'encre d'impression.

Le cas n'est pas le même quand il s'agit du trait, on peut préciser ce qui est requis, et indiquer avec exactitude quel doit être le cliché.

Les teintes sont fondues dans un portrait ou dans un paysage, mais dans la gravure, dans le dessin à la plume, il y a une franche opposition entre les blancs et les noirs.

Le gris doit être évité par tous les moyens possibles.

Il ne faut pas de transition, surtout si on opère avec le papier de report à la gomme sur albumine coagulée.

La lithophotographie avec un tel cliché n'est qu'un jeu, mais il faut renoncer à tout résultat avec des négatifs incomplets, c'est-à-dire voilés.

Nous dirons tout à l'heure ce qu'on doit faire pour obtenir un bon cliché, mais nous croyons utile de faire en passant les deux remarques qui suivent :

1° *Les négatifs destinés à l'opération sur pierre directement et sans report doivent être retournés.*

2° *Les négatifs par la méthode sur papier avec report resteront dans le sens vrai ;*

Le cliché dans le sens vrai, est celui qui se fait ordinairement à la chambre noire en opérant suivant la méthode ordinaire usitée dans le laboratoire.

Le négatif retourné s'obtient comme il a été dit, en renversant la glace dans le châssis de la chambre noire et en impressionnant à travers l'épaisseur du verre collodioné, mais essuyé avec un soin extrême.

Il vaut mieux, dans l'industrie, employer des clichés souples détachés du verre et reportés sur un support en collodion cuir.

Le peu d'épaisseur de cette couche flexible permet de faire le tirage dans un sens ou dans l'autre, c'est-à-dire qu'on peut, dans le châssis-presse, appliquer la pierre ou le papier sur le côté qui porte l'épreuve ou sur le verso.

On comprendra l'importance de ce genre de clichés, si on réfléchit qu'on peut, par ce fait, insoler à la fois dans un même châssis, une série d'épreuves sur une même planche dn cuivre gélatinée de grande dimension. On fait d'un seul coup une opération complexe.

L'épaisseur variée des glaces portant chacune un négatif, ne se prêterait pas à ce travail multiple qui est une grande ressource pour activer la production et diminuer les frais.

Négatifs sur collodion cuir.

Le transport sur collodion cuir est exécuté comme il suit :

L'opération commence quand le cliché est fini et que la couche de collodion est tout-à-fait sèche. On opérera, comme nous l'indiquons ci-après pour la méthode à la glycérine, avant de recouvrir la glace de gélatine et de collodion cuir.

Sur la surface préparée du négatif, on versera une couche de gélatine à 10 °/₀.

On laisse sécher la gélatine et on la recouvre ensuite de collodion cuir. Quand le collodion a fait prise, on lave sous l'eau jusques au moment où le liquide coule librement sans laisser de larmes.

On laisse sécher le tout spontanément. Il suffit alors de découper à la pointe l'épreuve à 5 ou 6 millimètres des arrêtes du verre, et le négatif se détache sans difficulté en le tirant par un des angles. On ne réussit que si la couche résultante est exactement sèche.

FORMULE DU COLLODION CUIR

Éther 62 rec.	500	centigrammes cubes.
Alcool 36 rec.	500	— —
Coton azotique	2	grammes.
Huile de ricin	5	—

On attend pour ajouter l'huile de ricin que le coton soit dissout.

On incorpore l'huile au produit en secouant vivement le flacon à plusieurs reprises. Il faut attendre que les bulles d'air se soient dégagées avant d'employer le collodion.

Il est préférable de le préparer plusieurs jours à l'avance, on peut le conserver longtemps. C'est l'addition de l'huile de ricin qui donne la souplesse à la couche.

Méthode à la Glycérine.

Nous préférons l'emploi de la glycérine indiqué par M. Jean Renaud, au collodion cuir.

On laisse sécher le négatif après l'avoir désiodé et lavé, on vernit les bords et on l'immerge dans :

Eau..................	1000 grammes.
Acide chlorhydrique....	50 grammes.

Sous l'action de l'acide, la couche de collodion tend à quitter le verre. Quand on suppose que l'adhérence est rompue, et il est facile de s'en rendre compte par un léger mouvement imprimé à la cuvette, on retire délicatement la glace pour la replacer dans une cuvette pleine d'eau fraîche.

Après un séjour de quelques minutes dans l'eau, on met le verre à sécher. Nous faisons observer qu'il n'y a pas de transport à faire, et que le négatif ne quitte jamais le verre d'origine. On fait dissoudre au bain-marie :

Eau..................	100 cent. cubes.
Gélatine grenétine.....	10 grammes.
Glycérine pure	5 cent. cubes.

On filtre au papier. On colle sur le cliché des bandes de papier, on les relève, on les relie ensemble pour former une cuvette dont le cliché fait le fond.

La gélatine sera versée dans ce cadre improvisé.

On recouvre, au préalable, le cliché d'une épaisseur convenable d'un collodion préparé, d'après la formule qui suit :

Alcool rect. à 40°....	100 cent. cubes.
Ether rect. à 63°....	100 — —
Coton azotique.......	4 grammes.
Glycérine pure.......	100 cent. cubes.

On laisse au collodion le temps de s'évaporer et de sécher avant de verser la gélatine. Quand le tout est sec on coupe la couche à la pointe et on enlève le négatif.

Ce cliché souple et flexible, et qui peut être placé dans le châssis, sur une face ou sur l'autre, doit être conservé dans un livre. Il pourrait, abandonné de suite à l'air libre, se rouler sur lui-même. Mais cet accident n'est plus à craindre si on le met en presse pendant quelques jours. On obtiendrait une pellicule plus mince en recouvrant alternativement le cliché d'une couche de gélatine à 3 0/0 et de collodion à 1 0/0 de coton. On sèche, dans ce cas, chaque couche à la chaleur et l'opération est terminée en un quart d'heure.

Retournement des vieux négatifs.

On peut toujours retourner les vieux négatifs en passant par le cliché positif fait à la chambre.

On lira dans notre traité de gravure héliographique la manière de procéder.

Nous dirons ici seulement qu'il faut prendre l'épreuve à travers le verre du cliché primitif. C'est le côté non verni qui doit faire face à l'objectif.

Le nouveau cliché est tiré sur ce positif, au châssis-presse, par superposition, avec une glace préparée au collodion sec.

On peut opérer, du reste, le soir à la lumière du gaz. Il suffit d'exposer la glace sèche sur le cliché pendant 25 ou 30 secondes devant un simple bec, dit papillon

Une feuille de papier blanc est un réflecteur économique, mais suffisant.

A défaut de gaz, si les glaces ont été sensibilisées dans un laboratoire à verres jaunes et sans lumière, on peut, en cinq minutes, obtenir l'épreuve en l'exposant à la lueur d'une simple bougie ou d'une allumette en cire.

On revèle et on développe d'après la méthode indiquée pour le collodion sec.

Qualités du Cliché destiné à la reproduction du trait.

Nous avons dit en commençant ce chapitre, que les clichés pour reproduire le trait, devaient présenter toute l'opposition possible entre les blancs et les noirs, et que tout le succès dépendait de cette condition.

Mais un bon cliché de trait est difficile à obtenir, et d'autant plus difficile, qu'on est porté à le croire parfait sur une inspection superficielle.

On doit se rendre compte de sa valeur réelle par le

tirage sur papier albuminé, si on n'a pas assez d'habitude pour le juger de visu.

Tout négatif qui donnera des demi-teintes dans les blancs, qui, dans l'intervalle des traits, teintera le papier sur une partie quelconque de l'épreuve, doit être rejeté. L'épreuve d'essai doit être blanche et noire et libre de tout voile.

Toutefois, comme l'insolation du papier de report n'exige pas une longue pose, un cliché qui, après une exposition normale, donnerait sur l'épreuve d'essai une teinte grise générale et uniformément répandue pourrait servir en photolithographie.

Ce cas se produit quand on a à reproduire une ancienne gravure jaunie par le temps, ou bien encore, quand on opère dans les journées d'hiver peu éclairées.

Mais pour ne pas risquer le résultat, nous préférons, avec un cliché douteux, opérer directement sur gélatine, sans report, comme s'il s'agissait de demi-teintes.

Voici quelques indications sur la manière d'obtenir ce genre de cliché :

Le point principal est de trouver le temps de pose exact.

On révèle au bain de fer et on renforce à l'acide pyrogallique pour commencer.

Le point délicat, c'est de charger le fond pour le rendre opaque, sans voiler et sans couvrir les déliés les plus fins. On évite difficilement cet écueil quand on a à reproduire, par exemple, une gravure anglaise.

Le bi-chlorure de mercure, dont l'emploi doit être rejeté dans le développement des clichés de portraits et de paysages, est dans ce cas d'un puissant secours. Mais il faut l'employer avec tact et porter en opérant une attention soutenue sur les finesses qu'il faut conserver quand même. On peut arriver à ce résultat par l'emploi seul de l'acide pyrogallique.

Le secret de la méthode réside tout entier dans l'habileté de l'opérateur. C'est à lui de guider la réaction.

Si le renforcement est exagéré, on peut dégager le cliché à l'aide du cyanure de potassium. On lave et on renforce à nouveau en évitant de tomber dans le même excès.

Si, par défaut d'habitude, on n'obtenait pas de lumières nettes sur fond opaque, il vaudrait mieux opérer par le procédé aux demi-teintes.

La méthode qui sert pour renforcer les clichés est peu connue, elle n'est applicable qu'au cas dont nous parlerons, mais elle donne des résultats tels que nous les conseillons, à l'exclusion de toute autre.

Que le lecteur se persuade bien que nous n'avons pas de parti pris, et que nous prenons, comme Voltaire, notre bien où nous le trouvons.

Ce n'est pas, la plupart du temps, nos propres découvertes que nous expliquons, nous ne cherchons pas, d'autre part, à pénétrer les secrets de ceux qui veulent les garder, mais nous décrivons loyalement les essais qui nous réussissent ; et l'opérateur peut adapter sans hésitation nos formules et notre manière d'opérer, par la raison fort simple qu'il n'est question dans nos traités que des moyens pratiques que nous sommes toujours prêts à démontrer, et qui donnent, dans nos mains, des résultats indiscutables.

Quand vous lirez ce traité, nous aurons démontré, en séance publique, à la Société française de photographie, que les résultats que nous affirmons, ne sauraient être discutés.

Voici donc le moyen d'obtenir des clichés avec des lumières vives sur un fond impénétrable à la lumière.

On versera dans un flacon n° 1 :

Eau distillée..........	100	cent. cubes.
Bi-chlorure de mercure.	2	grammes.
Alcool à 36° rect.......	10	—

On doit laisser l'alcool en contact avec le bi-chlorure quelques heures avant d'ajouter l'eau.

Dans le flacon n° 2 :

Eau distillée..........	100	cent. cubes.
Iodure de potassium...	2	grammes.

On couvre le cliché avec le contenu du flacon n° 1, on lave et on y verse ensuite l'iodure de potassium.

Les deux produits doivent séjourner, à tour de rôle, une minute sur l'épreuve.

Sous l'iodure de potassium, le cliché prend une teinte jaune-citron qui s'oppose au passage du rayon.

Les lumières sont tranchées avec une netteté remarquable. Elles sortent franches et sans le moindre voile.

On peut encore après le bain de fer renforcer au sulfhydrate d'ammoniaque :

Eau	50 cent. cubes.
Sulfhydrate d'ammoniaque..	15 — —

Clichés factices.

Ce transparent fait à la pointe, n'est pas à la portée de tous.

Nous en parlons au point de vue de l'industrie à laquelle il peut rendre de grands services.

On rend par leur intermédiaire et par voie lithographique, et à s'y méprendre, la gravure à l'eau forte.

Ce nouveau procédé facilitera singulièrement le travail du graveur.

L'aqua-fortiste couvre une planche de cuivre ou d'acier avec un vernis impénétrable aux acides. Il découvre ensuite le métal à la pointe suivant les traits qui forment le dessin.

Le métal mis à nu par le burin est ensuite attaqué

par l'acide azotique déliée, et les traits gravés en creux dans la planche de cuivre, sont encrés comme la taille-douce et imprimés sur le papier.

On peut, par voie lithophotographique opérer plus facilement, plus vite et avec moins de frais, et le travail a le même attrait pour l'artiste.

Il suffit de recouvrir une glace d'une couche noire, rouge ou jaune, mais opaque. La couleur rouge ou jaune doit être préférée. On peut, par leur emploi, se rendre un compte exact de chaque coup de burin.

On place la glace préparée sur une feuille de papier noir. On improvise ou on copie, suivant le cas.

L'opération achevée, on produit un négatif possédant toutes les qualités requises pour la reproduction du dessin au trait. On se sert de ce transparent comme d'un cliché. On impressionne le papier gommé au châssis-presse et on reporte comme il a été dit.

Préparation des plaques pour obtenir le cliché factice.

On étend, avec un rouleau en gélatine, sur une glace, la préparation dont la formule suit :

La couche doit être régulière et assez unie.

Cire blanche ou jaune.. ..	5 grammes.
Benzole..................	100 cent. cubes.
Vernis lithographique.....	10 grammes.

Quand le tout est dissout dans la benzine et que le mélange est intime, on verse une quantité quelconque de ce vernis sur une pierre lithographique.

On en charge également le rouleau en gélatine, qu'un rouleau en peau ne saurait remplacer, et on le promène sur la glace à préparer.

On passe ensuite au blaireau la poudre colorée sur la surface du verre et on obtient, avec un peu de soin, une couche opaque d'épaisseur égale, que le burin enlève net et sans bavure à cause de la souplesse de la cire qui entre dans la préparation.

Ce procédé a été breveté. Nous ignorons les moyens employés par la maison qui livre des glaces toutes prêtes aux artistes. Nous constatons seulement que les couches que nous avons essayées se prêtent à tous les caprices du burin, et nous conseillons aux amateurs d'acheter les glaces toutes prêtes.

Clichés retournés à la plombagine.

Nous avons communiqué à la Société de Photographie, à la séance publique du mois de juillet, avec des épreuves à l'appui, un moyen fort simple, non-seulement pour retourner les clichés, mais encore pour les multiplier à volonté.

Les épreuves sur papier tirées sur le cliché primitif et sur le cliché-type n'offrent pas de différence.

On peut en outre grainer le cliché, (particularité qui a son importance dans l'héliographie sur métal, qui nous servira de thème pour un prochain traité), ou reproduire le négatif avec les demi-teintes d'origine.

Nous venons, du reste, d'écrire une brochure pour propager un genre de Photographie analogue, intitulée *Photographie aux Poudres d'or et de couleurs*, qui repose sur le même principe. A l'aide des tours de main que nous avons expliqué, on peut multiplier à l'infini une carte de visite ou une photographie quelconque. Il suffit de décoller l'épreuve qui remplace alors le cliché.

La méthode à la plombagine a son importance, appliquée à la photographie.

Tout cliché sur verre peut être, par ce moyen, reporté sur glace et retourné, sans avoir recours à la chambre noire. Cette méthode remplace avec avantage le collodion sec qui exige une double opération.

Il est inutile de nous occuper ici du cliché grainé. Le lecteur pourra consulter le bulletin de la Société de Photographie.

Nous n'avons besoin pour l'instant que du cliché à demi-teintes. Le grain n'a plus d'utilité en lithographie. La difficulté qui a arrêté jusqu'ici l'essor de l'impression aux encres grasses est surmontée, et nous pouvons tirer à la presse le portrait et le paysage produits par l'objectif et lutter en finesse avec la photographie sur papier albuminé.

En se rapportant à ce que nous avons dit dans notre traité sur l'émail, on se souvient que nous obtenons une épreuve positive en insolant à travers un cliché de même nature. C'est un positif, en un mot, qui reproduit un second positif; c'est-à-dire le contraire du tirage ordinaire.

Par suite, nous aurons avec un cliché négatif un autre négatif de même valeur que le type.

On prépare d'abord la liqueur sensible dont la formule suit :

Eau	1	litre.
Gomme arabique..........	50	grammes.
Glucose..................	100	—
Sucre	20	—
Eau saturée de bi-chromate. d'ammoniaque..........	250	grammes.

On filtre au papier avec un soin minutieux. La poussière est l'écueil du procédé.

Ce mélange s'altère après cinq ou six jours de préparation, en été surtout.

On verse la liqueur sensible sur une glace polie et on laisse égoutter la glace une minute, portant par l'arrête sur une feuile de papier buvard qui absorbe l'excédant du liquide.

On peut préparer deux ou trois glaces à la fois et les

employer immédiatement. Les glaces sensibilisées la veille ou quelques heures auparavant ne peuvent rendre aucun service.

On sèche donc les glaces, sans attendre, sur la flamme d'une lampe à alcool et on les expose chaudes à la lumière sur le cliché.

L'insolation doit être faite à l'ombre et durer de 1 à 10 minutes suivant la lumière.

On développe après l'épreuve dans le cabinet noir en passant le graphite, c'est-à-dire la plombagine sur le côté préparé du verre, en se servant d'un blaireau fin.

L'image se montre à peine au premier développement.

Après une minute d'intervalle, on recommence à appliquer la plombagine et on passe une troisième fois le blaireau chargé de poudre après le même temps de repos.

L'épreuve prend alors l'intensité voulue. Quelquefois le développement est complet après la première application de la poudre, surtout par les temps humides.

Il arrive quelques fois que la liqueur sensible ne

s'étend pas régulièrement sur la glace. Cet accident peut être amené par deux causes :

Si la température est froide et humide, la liqueur est souvent repoussée par la glace sur laquelle elle ne contracte aucune adhérence.

Il suffit, dans ce cas, de chauffer légèrement le verre.

Le retrait de la liqueur chromatée est dû encore au chiffon qui a servi à polir la glace, après avoir été en contact avec un corps gras.

Il est utile, quand le temps est humide et quand la pose en hiver dépasse cinq minutes et même moins, de passer avant le développement, la glace sur la flamme de la lampe à alcool. On doit bien se garder de la chauffer. Il suffit de la tiédir et de chasser la buée.

On a recours en été à un traitement opposé. Après le passage de la poudre qui ne donne qu'une silhouette, on place la glace au-dessus d'une cuvette pleine d'eau et le développement se fait sans difficulté.

On doit insoler à l'intérieur quand le froid est vif. La réaction serait nulle si la glace supportait une température trop basse.

Ce mode de développement permet de modifier les négatifs.

On peut, à volonté, renforcer les parties faibles du cliché type.

Une épreuve régulière, mais sans vigueur, indique une pose insuffisante.

Si le négatif sort vigoureux, mais sans demi-teintes, on est tombé dans l'excès contraire.

On vernit les clichés par les moyens ordinaires.

CHAPITRE VII

Procédé à la gomme, applicable aux dessins à la plume, gravures, etc.

Si on a du trait à reproduire, l'opération héliographique peut être faite sur une feuille de papier.

On reporte après le résultat obtenu sur la pierre. Nous pourrions développer une série de méthodes si notre livre n'était pas écrit au point de vue seul de la pratique. Nous nous bornerons à indiquer les moyens les plus simples et les meilleurs. Nous les recommandons après expérimentation.

Celle qui suit est industrielle. Elle ne présente aucune difficulté sérieuse, mais il faut un peu d'exercice pour s'en rendre maître.

Le papier préparé ne se conserve pas, gommé le soir, il doit être employé le lendemain.

Il serait inutile de faire des essais en dehors de cette

condition essentielle. On pourrait à la rigueur, obtenir des épreuves de report après quelques jours, mais elles seraient défectueuses. Les papiers albuminés ou gélatinés destinés au même emploi et sensibilisés, peuvent être employés huit jours après.

Il faut admettre, en thèse générale, que les préparations chimiques, quelles qu'elles soient au point de vue de la réaction lumineuse, quand elles ont leur complément, perdent de leur propriété en raison du temps écoulé depuis leur préparation. On soutient quelquefois le contraire, mais une preuve quelconque serait difficile à donner.

On met dans un flacon à large ouverture :

Gomme arabique en morceau	100 grammes.
Eau ordinaire	150 —

On a le soin de remuer de temps en temps le mélange et, le lendemain, quand la dissolution est complète on prend :

100 cent. cubes d'eau de gomme.

100 cent. cubes d'eau saturée de bichromate de potasse.

Ce liquide épais ne peut pas être filtré au papier.

On le passe à travers un chiffon de mousseline à mailles fines ou de flanelle, en pressant légèrement l'étoffe pour faciliter l'écoulement. Une pression trop active produirait une foule de bulles d'air et il importe de les éviter.

On reçoit la préparation dans une cuvette. Le bain doit rester quatre ou cinq minutes au repos pour laisser aux bulles d'air enfermées dans la masse le temps de disparaître. On enlève après ce temps, et la poussière et les bulles d'air qui flottent à la surface.

On prend après, du papier albuminé, coagulé, qui est livré tel par le commerce. Si on n'avait pas le papier sous la main, on coagulerait à l'alcool le papier albuminé qui sert en photographie.

On opère économiquement en remplissant d'alcool à 40° une éprouvette dont la hauteur égale celle de la demi-feuille de papier albuminé. Le papier est roulé, l'albuminé en dehors et on le descend dans le liquide. Après quelques minutes d'immersion, l'albumine devient insoluble. On suspend le papier avec une épingle à un courant d'air. Il est sec et propre à l'emploi avant un quart d'heure.

La feuille est appliquée sur le bain de gomme bichromaté, elle y reste trois ou quatre minutes.

On le soulève ensuite en laissant égoutter l'excédant dans la cuvette, et on le porte pour sécher dans le cabinet noir. Après quelques minutes on colle sur le bas une bande de papier buvard qui prend le dernier excès de la couche et qui facilite l'égale distribution de la gomme sur toute l'étendue de la feuille. On peut verser la gomme sur le papier qu'on pose sur une glace.

Emploi du papier.

L'épreuve à reporter est tirée au châssis sur un cliché ordinaire de photographie, le négatif ne doit pas être retourné.

Deux minutes de pose et même moins suffisent à l'ombre, même avec une lumière moyenne. On peut du reste suivre l'impression de la couche sensible.

L'épreuve doit être visible, mais à peine accusée.

Il y a excès de pose si on arrive au ton jaune d'or. Le report n'est pas possible dans ce cas.

L'épreuve est bonne et elle s'attachera régulièrement à la pierre lithographique, si à la lumière de la bougie le dessin, peu visible, se montre sous un aspect vert olive.

La feuille de papier insolée est alors placée sur une feuille de papier buvard humide, le côté gommé en dessus, et appliquer une feuille de papier blanc sur le côté gommé, et quand la feuille blanche tend à s'attacher à l'épreuve, l'épreuve est prête pour être reportée. La difficulté de l'opération commence à ce moment.

Le succès dépend de la moiteur régulière de la feuille.

Toute épreuve à reporter en lithographie doit être humide mais non mouillée. On saisit facilement la différence qu'il y a entre les deux expressions, et cependant quand on n'a pas l'expérience pour guide, on passe facilement d'un excès à l'autre, on mouille toujours trop.

Rien n'est plus facile cependant, il suffit de ne pas se presser et de savoir attendre.

On nous permettra d'insister sur ce point, c'est la seule pierre d'achoppement à laquelle l'opérateur puisse se buter.

Si on a, près du laboratoire, une cave ou un lieu humide quelconque, on est à peu près sûr de réussir le report. On y laisse le papier pendant un quart d'heure, il est à point quand une autre feuille de papier appliquée avec pression sur un angle tend à s'attacher à la couche insolée.

Si on n'a pas cette ressource, on emploie pour ramollir la couche des feuilles de buvard blanc épais qu'on imbibe avec une éponge, et qu'on expose ensuite à l'air pour enlever l'excès d'eau par évaporation.

On fait le report quand le papier est suffisamment préparé.

Ce procédé ne pouvant servir qu'aux traits, on prend une pierre poncée et on la sèche près du feu ou au soleil en été, elle ne doit pas être chaude au contact de la main.

Il est bien entendu qu'on a, au préalable, réglé la presse sur la pierre qui doit recevoir le report.

On place le papier sur la pierre, le tablier est rabattu.

mais il faut avant recouvrir l'épreuve de cinq ou six feuilles de papier ordinaire et d'une feuille de carton souple. On fait alors jouer la presse lentement et avec régularité. On doit renouveler huit ou dix fois la pression. Notre presse spéciale est préférable à la presse à râteau.

Le tablier relevé, on prend une éponge humide qu'on a dégorgé d'eau par pression et on la passe à plusieurs reprises sur le dos du papier qui adhère à la pierre.

Pour aller vite, il faut procéder avec lenteur, au bout de cinq ou six minutes on soulève délicatement un des angles du papier et, par une inspection minutieuse, on s'assure que le report est bon sur ce point.

Nous devons donner ici quelques explications sur ce qui s'est produit par le jeu de la presse.

L'épreuve après l'insolation a des parties solubles et d'autres qui le sont moins ou pas du tout.

Les parties solubles correspondant aux noirs du cliché ont repris une certaine humidité sous le papier buvard ou dans la cave. La gomme sur les points quitte le papier pour s'attacher sur la pierre sèche, qui devient plus attractive ; les parties insolubles, ou peu solubles, restent sur le papier.

Si le report parait d'une bonne venue sur l'angle soulevé, le papier doit être délicatement détaché de la pierre, s'il opposait trop de résistance, on repasserait l'éponge et on attendrait quelques minutes.

Toutes ces opérations se font avec régularité par une température moyenne; elles sont moins faciles dans les fortes chaleurs de l'été. On doit alors opérer dans un milieu plutôt humide que chaud:

On distingue immédiatement, par simple inspection, un bon d'un mauvais report. Quant le papier est retiré, le dessin doit se montrer net et précis en couleur jaune et brillante sur la pierre blanche ou grise.

En cas de succès, et on le commande, après quelques essais, on doit conserver le papier qui a servi au report. S'il arrivait un accident au tirage, ou, si pour un travail important on voulait deux pierres matrices, le papier pourrait fournir une seconde épreuve de report égale à la première. Voici l'explication du fait : La gomme reportée sur pierre quand toute la surface aura été barbouillée de noir, sera dissoute par l'eau, et l'encre ne restera que sur les parties qui ont la pierre elle-même pour support. L'encre qui s'attache à la gomme est enlevée par l'eau avec la gomme soluble qui lui sert de soutien.

Le papier, avons-nous dit, a conservé la gomme insoluble sur les parties correspondant aux lumières du cliché, on le laisse donc sécher à l'abri du jour.

On encre alors au rouleau une pierre lithographique avec de l'encre de report, on y applique le papier et on donne cinq ou six tours de presse. Il est admis, en principe, que les parties insolées retiennent l'encre: Il suffit donc de passer une éponge humide sur la feuille qui ne présente qu'une masse noire, comme le papier gélatino-charbonneux. L'épreuve se dégage instantanément sous la pression légère de l'éponge humide. On peut conserver l'épreuve comme spécimen ou la reporter après quelques minutes, pour laisser à l'eau le temps de s'évaporer,[1] sur une pierre sèche. C'est la méthode à suivre avec le papier albuminé ou gélatiné.

Mais revenons à notre premier report.

On rentre dans le cabinet noir et on délaie de l'encre de report dans une soucoupe, avec de l'essence térébenthine rectifiée, on en fait une bouillie légère, on sèche la pierre avant toute application d'encre avec le carton à ventiller.

On barbouille ensuite la pierre de noir d'impression dans toute son étendue. On doit toutefois, avant d'encrer, gommer les marges et toutes les parties de la pierre où le dessin ne s'étend pas, il faut attendre que la gomme soit sèche.

On passe enfin l'éponge humide sur le tout. L'épreuve se dégage aussitôt. Elle est révélée comme le cliché photographique sous le bain de fer avec une netteté et une instantanéité qui surprend toujours.

L'épreuve est grise, car la couche d'encre mêlée d'essence, qu'on a passé au tampon pour noircir la pierre, n'a pas une grande épaisseur. Il ne faut pas s'inquiéter de sa faiblesse, elle montera à l'encrage.

On lave après la pierre avec une éponge, non plus humide, mais mouillée; on la laisse sécher spontanément et on la couvre avec la main d'une eau gommée épaisse. Il faut exercer le plus de pression possible avec la paume de la main pour faire pénétrer le mouillage dans les pores. Au bout de quelques heures, on lave la pierre et on la couvre au pinceau ou par immersion d'eau légèrement acidulée, et quand la pierre est sèche on encre et on commence le tirage ; on relira ce qui a été dit sur le gommage et l'acidulation. Ce report, avant le tirage, doit être traité comme une pierre lithographique ordinaire; on peut remplacer le papier gommé par le papier gélatiné ou albuminé. On sensibilise la feuille dans un bain de bi-chromate de potasse à 3 °/₀ et on l'insole sous le cliché comme le papier gommé. On ne fera pas le report sur la pierre avant l'encrage, ce serait peine perdue.

On encre directement la feuille après l'insolation, en l'étendant sur une surface dure et plane, glace ou pierre lithographique et on dégage ensuite le dessin avec une éponge mouillée. On laisse ensuite au papier le temps de se raffermir et on reporte sur pierre comme dans le premier cas.

On atteindrait le même résultat en traitant la feuille comme la pierre lithographique, ou la planche de cuivre, par la méthode que nous allons développer dans le chapitre qui suit.

Après l'insolation, la feuille sera plongée, dans

ce cas, dans une cuvette d'eau et quand l'exès de bichromate aura été enlevé par le lavage, on laissera sécher le papier, on l'encrera ensuite au rouleau après l'avoir légèrement humecté avec une éponge humide.

L'encre ne s'attachera qu'aux parties insolées et il ne sera pas nécessaire de dégager le dessin à l'éponge.

Le traitement est le même que le papier soit albuminé ou gélatiné.

Nous recommandons aux lithographes qui voudront se mettre en quelques heures au courant de la photographie, les premières leçons de photographie de M. L. Perrot de Chaumeux. On trouvera dans ce traité, clair, simple et bien écrit, tout ce qu'il faut pour arriver à faire de bons clichés. Les amateurs plus avancés liront l'ouvrage de MM. Bareswil et Davanne.

CHAPITRE VIII

Phototypie ou impression sur couche de gélatine avec épaisseur.

Nous arrivons maintenant à la méthode par excellence, à celle qui les renferme toutes.

Nous développons ici le procédé que nous avons déterminé après de nombreux essais.

Nous avouons, pour rendre à chacun ce qui lui est dû, que bien des opérateurs sont arrivés à des résultats complets par des tours de main qu'ils se sont réservés ou qu'ils ont communiqué sans les développer d'une manière assez claire.

Nous n'avons pas la prétention d'offrir au lecteur les secrets d'une découverte personnelle, nous voulons simplement lui indiquer les moyens de reproduire les demi-teintes en lithographie.

La méthode découle toute entière des indications

données par M. Poitevin. Nous ne sortirons pas, dans l'exécution, des limites de ses brevets qui sont aujourd'hui périmés.

Il sera libre à chacun d'exploiter cette industrie nouvelle. Nous tenons à le constater.

Ce genre d'impression n'exige aucune installation. Mais il faut une presse. C'est à l'industrie que nous nous adressons dans ce cas, car nous avons pour l'amateur et pour le photographe, une presse miniature renfermée dans une simple boîte en bois léger, qu'on peut emporter sans embarras, même en voyage.

Ce serait une erreur de supposer qu'avec un si mince outillage on ne puisse produire que des dessins imparfaits et par à peu près.

Notre lithographie pourra lutter avec les produits sortis des maisons le mieux posées dans l'imprimerie, et nos épreuves seront supérieures par la finesse des détails et forceront les imprimeurs à accepter résolument les nouveaux systèmes.

Nous n'affirmons rien sans être à même de le prouver.

Aussi ouvrons-nous nos ateliers d'essai aux incrédules.

Nous nous engageons à leur tirer, en dix minutes, par impression et sous leurs yeux, les clichés de portraits ou de paysages qu'ils voudront bien nous apporter. Nous pourrons en outre les mettre en quelques heures au courant du système.

On se convaincra par la comparaison de nos épreuves obtenues à la presse et de celles données par le sel d'argent que la différence n'est pas même sensible.

On croit généralement qu'il faut vaincre de grandes difficultés d'exécution pour produire de belles choses, c'est toujours le contraire qui a lieu.

Tout support est bon pour ce genre d'impression. La couche de gélatine peut être étendue sur métal, l'acier excepté, sur bois, sur pierre et sur glace. Mais en tirant sur glace, on s'exposerait à tomber sous le coup d'un brevet. La pierre, le zinc et le cuivre suffisent à toutes les exigences du procédé.

La glace, du reste, n'est pas un subjectile bien commode. Avant le tirage, elle doit être fixée au plâtre à mouler sur une pierre lithographique. Il faut du reste, une épaisseur de quelques centimètres, et dans ce cas, le support est aussi coûteux que la pierre lithographique elle-même. On s'expose, d'autre part, à la rupture du verre si on lui donne pour support, au tirage, une plaque de fonte polie.

La couche de gélatine adhère mieux sur le métal et sur la pierre, en préparant la mixtion sensible d'après les formules que nous donnerons.

Préparation de la Couche sensible.

Nous avons essayé la gélatine, la colle de poisson et la colle forte employées séparément, et nous avons constaté que la couche la plus solide et la meilleure, était le mélange à parties égales des trois produits.

La colle de poisson seule en couche mince donne beaucoup de finesse, mais on a peu de solidité. On peut s'en servir isolément pour obtenir quelques épreuves hors ligne ou pour un report, Mais il ne faut pas compter sur un long tirage.

Ces trois produits seront de choix et exempts de toute trace de corps gras, qui pourraient s'y trouver mêlés par suite d'une fabrication peu soignée.

Il ne faut donc pas s'étonner si on se trouve au moment de l'encrage, en présence d'une couche retenant l'encre sur toute l'étendue de la surface.

Les corps gras mêlés aux substances gélatineuses seraient la cause de ce désordre.

Nous avons nous-mêmes éprouvé beaucoup d'ennui par suite de l'emploi de matières premières mal épurées, et nous mettons le lecteur en garde contre des accidents qui découragent et auxquels il est facile de remédier.

Les trois substances ne sont pas solubles au même degré. Il convient donc de dissoudre ensemble la colle forte et l'ichthyocolle à feu nu. Mais il faut, au préalable, les laisser gonfler dans l'eau froide ou chaude pendant quelques heures, et mieux, une nuit toute entière si l'on n'est pas trop pressé.

On ne doit pas négliger de remuer de temps en temps

le contenu de la capsule pour que rien ne s'attache au fond. Les parties carbonisées passeraient à travers le filtre et nuiraient plus tard à la pureté de la couche.

Deux capsules peuvent rendre le même service qu'un bain-marie. On met la plus grande dans un verre d'eau et quelques chiffons, et on place la plus petite sur le linge qui ne permet pas à l'eau de se mêler pendant l'ébullition à la mixtion contenue dans la deuxième capsule.

On filtre sur un carré de flanelle. Si on a le soin de rassembler les extrémités du tissu et de le tordre, on utilise toute la préparation.

La colle de poisson n'est pas entièrement soluble, et il faut renoncer à employer ce qui résiste à un bouillon d'un quart d'heure.

La gélatine sera traitée au bain-marie. On la reçoit du filtre dans le récipient qui contient déjà la colle de poisson et la colle-forte.

On ajoute alors le bi-chromate de potasse et on laisse le mélange deux ou trois minutes sur le feu. On remue avec un agitateur pour lier le tout.

Ce dernier traitement consolide la couche. Il ne faut pas le négliger.

Toutes ces opérations, et même le recouvrement des planches de cuivre que nous préférons, des pierres ou du zinc, peuvent se faire à la lumière. C'est ainsi que nous avons opéré dans nos essais et après résultat.

La lumière n'est nuisible qu'après la dessication des surfaces. On doit alors éviter même la lumière du gaz. La bougie (après expérience) n'a pas d'influence sensible sur la couche.

La quantité de gélatine, de colle de poisson et de colle-forte, doit être en rapport avec l'eau qui sert à dissoudre ces produits.

Nous allons indiquer une formule, mais comme les proportions sont bientôt troublées par l'évaporation, il sera bon de régler la couche en laissant écouler plus ou moins la mixtion qui aura été versée sur le support.

N° 1.

Eau	200 cent. cubes.
Gélatine grenetine....	12 grammes.

N° 2.

Eau...	400 cent. cubes.
Colle de poisson.......	12 grammes.
Colle de Flandre.......	12 —

On ajoute après la dissolution et le filtrage.

Bi-chromate de potasse.	12 grammes.

La formule qui suit donne également de bons résultats.

Eau.................	100 cent. cubes.
Gélatine.............	15 grammes.
Bi-chromate de potasse en cristaux.........	3 —

On dissout d'abord la gélatine, et on ajoute le sel de chrome réduit en poudre et dissout dans un peu d'eau chaude.

On laisse la préparation sur le feu pendant dix minutes.

La gélatine sensibilisée qui n'est pas employée le jour même peut, même laissée à la lumière, servir le lendemain.

En dehors des formules, voici le principe qui doit servir de guide.

La solidité de la couche et la vigueur des épreuves dépend de la proportion de bi-chromate qu'on mêle à la gélatine.

De plus, la durée de l'insolation est moindre si la dose de sel de chrome est plus forte.

On n'a pas à s'occuper ici du cas d'insolubilité comme dans la photographie au charbon.

Si peu de bi-chromate qu'on mêle à la gélatine, l'impression est toujours possible si l'exposition au jour, est, par sa durée, en rapport avec la faible quantité du sel sensibilisateur employé. Mais une surface peu bi-chromatée n'offre d'abord aucune solidité, et rend ensuite sous la presse des épreuves grises et sans vigueur.

Nous avons indiqué de bonnes proportions dans nos formules, mais si on peut surveiller attentivement la dissécation des surfaces et activer ou modérer le feu dans l'étuve ou dans un cabinet fermé et chauffé par un réchaud, nous engageons les opérateurs à doubler au besoin la dose de bi-chromate si la couche de gélatine doit être exempte de cristallisation.

On peut alors, avec une couche presque sans épaisseur, réunir et la durée du tirage et la vigueur des épreuves.

La cristallisation se produit généralement si la dessication est trop lente à se faire.

Si on chauffe trop l'étuve, les surfaces, quoique belles, manquent de régularité. La gélatine se fendille en tous sens. Avec une chaleur moindre, mais trop vive encore, il se produit des zones qui diffèrent par l'éclat et qui marquent dans l'impression.

La couche, en règle générale, doit être mince et sans épaisseur trop apparente quand la surface est sèche.

On n'obtiendra qu'une mauvaise impression, si au mouillage, l'épreuve s'accentue par un relief trop sensible.

On est tenté de supposer que le relief puisse venir en aide surtout dans la reproduction des gravures.

Bien des expérimentateurs sont restés en chemin et n'ont pas atteint le but parce qu'ils ont persisté dans cette voie toujours suivie au début des expériences.

On veut encrer le relief de la gélatine, sans réfléchir que ces parties n'ont pas subi l'influence de la lumière, et qu'elles repoussent le noir d'impression qui ne s'attache qu'aux corps secs.

Ce relief prendrait l'encre à l'état sec, il est vrai, si la gélatine était traitée par l'eau chaude après l'insolation.

Mais il faut, dans ce cas, opérer sur une couche très-épaisse et inversement.

Il est trop tard maintenant pour tenter encore l'impression typographique par l'encrage direct de la gélatine ou du contre-moule. On obtient certainement des résultats par voie galvanoplastique et même en encrant directement la couche dégagée des parties solubles comme on le fait dans le procédé au charbon.

Nous ne parlons pas du procédé Woodsbury dans lequel on procède par moulage. Il exige, du reste, un encrage particulier que M. Becquerel avait imaginé le premier sans s'occuper de mettre son idée en pratique.

Ces essais typographiques, intéressants pour l'amateur, n'ont aucune portée pour l'industrie. On peut obtenir quelques bonnes planches, mais on sait ce qu'elles coûtent de temps et d'argent. Le graveur a plus à faire que le galvanoplaste.

L'impression sur relief est toute trouvée par suite du procédé que nous expliquons. Nous y reviendrons plus tard.

Nous admettons donc, comme principe, que la couche, après avoir été traitée comme il sera dit, ne devra accuser qu'un relief à peine sensible sous le passage d'une éponge humide.

On pourrait cependant pallier ce défaut, mais il y aurait perte de temps, car la planche ne pourrait tirer que par intervalles, sur un relief, le rouleau n'est plus maître de la surface et le tirage est livré au hasard.

Des Surfaces.

Nous avons parlé dans un autre chapitre du grainage et du ponçage.

Pour le cas présent, le cuivre, le zinc ou la pierre seront grainés.

Le grain doit être à peine sensible et bien régulier.

Le ponçage serait préférable si nous n'avions pas besoin de points d'attache pour la gélatine.

Une bonne surface doit être pareille à celle d'une glace finement dépolie, car toutes les imperfections du supports sont apparentes sur les épreuves.

Ce qui est très-important encore, c'est la solidité de la couche. Le procédé pourrait être intéressant, mais il serait sans importance si on ne pouvait obtenir que quelques épreuves sur une planche. Mais en traitant la planche de cuivre ou la pierre, comme nous allons l'expliquer, on obtiendra une couche imprimante qui ne sera jamais fatiguée par le rouleau.

Les corps durs pourront l'attaquer et la rayer, si on n'a pas les soins voulus, mais dans la lithographie ordinaire, le dessin n'est pas à l'abri des accidents de cette même nature.

On a conseillé dans l'application à d'autres travaux et plus tard, pour l'emploi que nous voulons en faire aujourd'hui, de recouvrir la glace ou le métal d'une première couche de gélatine bi-chromatée et insolée ensuite après dessication. Ce moyen n'est pas bon, à moins d'opérer sur pierre.

Le tirage sur glace, du reste, n'offre aucun avantage. Le métal est de beaucoup préférable. Nous ne dirons donc rien de l'insolation d'une première couche à travers l'épaisseur d'un verre.

Voici comment nous opérons sur pierre, sur cuivre et sur zinc.

La couche sur cuivre est la plus solide. Elle résiste même au ponçage. Le bi-chromate se combine avec ce métal, et la gélatine, quand elle est sèche, est pour ainsi dire soudée au cuivre. Ce métal rosé est, d'autre part, moins trompeur que le zinc et on juge mieux à l'encrage, la valeur de l'épreuve. On supposerait cependant le contraire. Mais on ne doit pas oublier que le zinc est gris, et que le voile laissé par le rouleau, et qui teinturera les blancs au tirage passe inaperçu. Sur le cuivre, au contraire, il n'y pas d'erreur possible et la valeur de l'encrage est indiquée avec une précision qui ne peut laisser place à aucune surprise désagréable après le tirage.

Il faut renoncer à l'emploi d'une sous-couche quelconque.

On a encore proposé l'albumine coulée ou appliquée

au tampon et coagulée ensuite, soit à la vapeur d'eau, soit à l'alcool.

Ce moyen est applicable à la pierre lithographique susceptible d'absorber l'eau ; mais l'albumine coagulée nuit à la solidité de la gélatine, si le support est un corps non spongieux, comme le cuivre ou le zinc. La couche se soulève après le tirage de cinq ou six épreuves, et la planche est perdue.

Quel pourrait être, du reste, le rôle de l'albumine sur le cuivre ?

Le métal est plus impénétrable à l'eau que l'albumine coagulée et la mixtion a beaucoup plus de prise sur la surface métallique grainée.

La sous-couche ne peut qu'empêcher l'eau de pénétrer jusqu'aux limites extrêmes qui fixent la gélatine ou ses composés sur le subjectile.

En admettant qu'on abuse du mouillage, ce qui doit être évité, la couche imprimante une fois pénétrée, se sépare tout aussi bien de l'albumine que du cuivre.

Nous nous sommes, du reste, convaincus par des expériences cent fois répétées, que la mixtion coulée à même sur le cuivre, offrait plus de solidité et plus de garantie.

Le point important est d'obtenir une belle couche de gélatine sans stries, sans piqures et d'une régularité mathématique.

Il faut craindre surtout les bulles d'air et tâcher de les éliminer par tous les moyens possibles. Il ne doit pas en rester une seule sur toute l'étendue de la couche.

Non-seulement elles forment taches au tirage, mais elles livrent passage à l'eau qui s'infiltre par les points où la gélatine manque d'épaisseur.

Elles sont causes que les planches sont bientôt hors de service. Il est vrai qu'on peut toujours trouver sur une surface de 24×30 une partie quelconque sans défaut pour l'impression d'une carte-album ou d'un paysage quart de plaque, mais on doit, en débutant, s'habituer à préparer une surface quelles qu'en soient les dimensions. Les difficultés ne découlent pas de l'opération, mais des soins intelligents et minutieux qu'il faut y apporter. La beauté de l'impression dépendra de cette condition première.

Les bulles d'air qui se produisent en coulant la gélatine, sont de deux sortes. Les premières, très-visibles, sont facilement ramenées vers les bords.

Mais il en est d'autres qui ne surnagent pas sur la couche, mais qui sont intérieures et fines comme une pointe d'aiguille. Il faut les attaquer une à une, chaque point brillant laissé sous la couche est marqué en tache noire sur l'épreuve.

La couche sensible tenant en dissolution la dose de bi-chromate de potasse que nous avons indiquée, peut amener, en séchant, des cristallisations qui rendraient le procédé inaplicable, si nous n'avions pas les moyens de remédier à ces accidents. Il ne faut pas songer à diminuer la dose de chrome, le tirage manquerait de vigueur. On supposerait alors qu'il y a défaut d'insolation, et on remarquerait ensuite qu'une pose poussée à l'excès serait la cause du voile gris qui priverait l'épreuve de toute sa fraîcheur sans lui donner plus de profondeur. C'est pour lui épargner des essais inutiles que nous, nous éveillons l'attention du lecteur et que nous entrons dans des détails qui peuvent paraître longs, mais que nous croyons nécessaires.

Le premier soin, quand on aura à préparer des surfaces gélatinées, sera de chauffer à la température de 30 à 50 degrés le cabinet noir ou l'étuve.

On doit renoncer d'avance au procédé si on ne veut pas s'astreindre à cette condition. Il n'y a pas de transaction possible, si ce n'est dans les fortes chaleurs de l'été, et dans ce cas, il ne faut pas exagérer la dose de bi-chromate.

Si la chaleur est trop forte, la dessication sera trop rapide et on aura sur le métal ou sur la pierre des zones plus ou moins brillantes qui marqueront à l'impression comme nous l'avons déjà dit.

Au-dessous de 30°, les cristallisations seront inévitables et les plaques seront perdues.

Dans l'impossibilité d'observer cette prescription capitale, on pourra, avec un peu de patience, recouvrir les plaques de gélatine et les sécher à la main sur un foyer quelconque, en ne portant pas la température du métal plus haut que 40°. Ce moyen peut être employé pour l'essai du procédé.

La préparation ne doit pas être trop chaude. Elle doit couler facilement. On remet par intervalle la capsule sur l'eau bouillante du bain-marie pour maintenir la fluidité de liquide. 30 ou 40° de chaleur suffisent.

On tiédit la planche de cuivre, et on verse la gélatine dans le milieu.

On l'étend à l'aide du doigt qu'on doit promener sur toute la surface. On écarte les bulles d'air en les ramenant avec le doigt vers les bords, et si la gélatine laisse un sillon par défaut de fluidité, on la chauffe légèrement en-dessous pour égaliser sur la surface. On recueille l'excédant dans un vase à part. Nous avons dit qu'une couche épaisse rendait l'encrage impossible et nuisait à la bonne venue de l'épreuve au tirage, il faut donc laisser peu de gélatine sur le cuivre ou sur la pierre. On opérera juste, si la surface inclinée légèrement en conserve un léger excès qu'elle laisserait échapper, en somme si l'angle imprimée à la planche formait un angle plus aigu.

On ramène vers le centre l'épaisseur accumulée sur l'arête d'écoulement et on chauffe encore le cuivre pour s'arrêter quand la couche commence à fumer légérement.

On porte ensuite les pierres ou les planches métalliques dans le cabinet chauffé. La dessication doit se faire en deux heures, plus ou moins.

La couche est alors très-sensible. On conserve les planches de cuivre dans une boîte à glace. Elles gardent toute leur sensibilité pendant dix ou quinze jours. On peut donc en mettre en réserve et en avoir toujours une sous la main au moment donné.

OBSERVATION.

En admettant qu'il n'y ait pas de formules données, voici une règle qui ne trompe jamais.

A une quantité d'eau déterminée, ajoutez de 3 à 5 °/₀ de bi-chromate de potasse réduit en poudre. Ajoutez une quantité quelconque de gélatine de 10 à 20 °/₀, ce qui ne sera pas dissout sera employé le lendemain.

Ce qui est important, c'est que la gélatine renferme le moins d'eau possible, la mixtion sera à point quand elle se recouvrira d'une pellicule comme d'une membrane parcheminée; on l'étendra à l'aide du doigt sur la plaque métallique, et on recevra dans la capsule tout l'excédant qui ne restera pas sur le métal.

Ainsi préparée, la couche sèche promptement et on évite la cristallisation même avec une forte dose de bichromate.

Mais de toute manière, la chaleur de l'étuve, et nous revenons sur ce point important, doit être telle que la gélatine puissse toujours rester fluide. La couche s'amincit par suite de l'évaporation de l'eau et finit par sécher sur tous les points à la fois.

Le feu doit être retiré quand les planches sont sèches, elles se fendilleraient si on ne prenait pas ce soin. On voit par là, l'absolue nécessité de mettre d'aplomb au niveau d'eau, la table qui reçoit dans l'étuve les planches gélatinées.

Insolation.

Les pierres sont exposées à la lumière dans l'appareil que nous avons décrit, et les planches de cuivre dans le châssis ordinaire de photographie. On peut même avec les planches métalliques, se servir de clichés sur verre, mais les négatifs sur glace sont préférables.

Il est difficile de préciser le temps nécessaire à l'insolation, nous conseillons l'emploi du photomètre Vidal perfectionné. On trouvera à la fin du traité les indications qui nous ont été communiquées par M. Vidal.

Les cellules graduées permettent d'aborder l'action progressive de la lumière sur la gélatine bi-chromatée.

C'est un thermomètre actinique, il donne des indications aussi précises que l'instrument qui nous sert à mesurer la chaleur.

A défaut de cet appareil, on peut se rendre un compte exact du temps de pose, en sacrifiant une surface préparée et en l'exposant sur une couche sensible.

On pose sur le châssis une feuille de papier noir et on découvre à mesure un centimètre de surface par 1/4 de minute. En posant 6 minutes la première bande indique une insolation de 5 minutes 3/4, et ainsi de suite.

L'encrage de la pierre indique la vraie pose.

S'il y a excès d'insolation l'épreuve est grise sous le

rouleau. Les demi-teintes et les blancs se chargent d'encre plus ou moins.

Dans le cas d'une pose insuffisante, l'encre s'attache difficilement, il y a absence complète de demi-teintes.

Nous faisons remarquer ici que la gélatine prend l'encre avec quelque difficulté et qu'il faut la fatiguer avec le rouleau au début de l'encrage. La répulsion de la gélatine pour le noir d'impression n'indiquerait donc pas toujours un excès de pose; cette répulsion est d'autant plus grande que la couche est plus humide. Il faudra tenir compte de l'état de la couche.

On obtient de bons résultats par tous les temps. Nous avons fait des observations consciencieuses à cet égard, on remédie à l'absence de vivacité de la lumière par une exposition plus longue. Il faut environ 3 heures d'insolation, si le brouillard est épais. Cinq ou six minutes de soleil produisent le même effet, dans les deux cas, le tirage fournit des résultats identiques. Dans le doute on doit insoler plutôt plus que moins.

On peut *à priori* se rendre compte sur l'inspection de planche de la valeur probable du tirage. Les indications qui suivent serviront de guide à l'opérateur.

En retirant la planche de cuivre ou la pierre du châssis, l'image est visible.

Elle se montre avec toutes ses demi-teintes et avec un éclat remarquable. La pose sera bonne si l'image satisfait l'opérateur. Le dessin est d'un ton jaune-brun, qui ne déplait pas, il y aura donc lieu de continuer l'opération, si on est satisfait de l'ensemble, car toutes les demi-teintes accusées seront reproduites fidèlement au tirage.

On sait que dans le tirage ordinaire on peut modifier le ciel des paysages qui est souvent défectueux dans les négatifs obtenus au collodion sec, et c'est presque toujours par ce procédé qu'on opère en voyage.

Un ciel blanc, surtout dans l'impression aux encres grasses, dépare l'ensemble du paysage. Dans le cas où l'horizon serait trop noir dans le cliché pour donner passage à la lumière, on pourrait impressionner la couche après coup, pour forcer la gélatine à retenir un peu d'encre.

On retirera donc [illegible] du châssis-presse après l'insolation, et on [illegible] en place la planche déjà exposée. La face préparée sera appliquée sur la glace même du châssis.

Après avoir disposé la presse, on placera sur la glace forte un papier noir pour garantir la couche déjà impressionnée de toute atteinte nouvelle de la lumière, et on fera jouer, en se plaçant à l'ombre, la feuille de papier noir, ne découvrant que la partie qui correspond au ciel dans le paysage. Le dessin est, du reste, indiqué par la première exposition.

Le mouvement imprimé au papier noir, doit être continu. C'est le haut de l'horizon en général qu'il faut teinter.

On peut encore distribuer des flocons de coton sur la glace du châssis, si on veut imiter les nuages. Ces flocons doivent être placés dans le haut du ciel déjà impressionné et on ne doit pas cesser d'agiter le papier qui masque le bas de l'horizon.

On réussirait mal si on appliquait directement le papier noir sur la planche elle-même et si le papier n'étant pas séparé de la plaque par la glace forte.

L'épaisseur de la glace permet à la lumière de pénétrer en dessous dans l'espace qui sépare le papier de la couche de gélatine, et l'on n'a pas de lignes brusquement arrêtées. On obtient par ce moyen des ciels fondus.

Traitement de la couche de gélatine après l'insolation.

La plaque de cuivre ou la pierre, au sortir du châssis-presse, est plongée dans une cuve pleine d'eau.

Elle doit y séjourner 2 heures pour qu'elle ait le temps de dégorger le bi-chromate qui est emprisonné dans les parties solubles qui ont été préservées du jour par les noirs du cliché.

On s'exposerait à de graves inconvénients si on laissait du bi-chromate libre dans la gélatine.

Le tirage se fait en pleine lumière, et on s'apercevrait après un certain temps que toute la surface prendrait l'encre.

En effet, la lumière aurait action sur une couche encore bi-chromatée et ce serait le cas, si le lavage n'était pas suffisant.

Le même accident se produit sur le papier albuminé, si le fixage n'est pas complet. La lumière attaque les blancs de l'épreuve qui tourne au gris. Après le lavage les plaques de cuivre sont retirées de l'eau et mises à sécher dans une demi-obscurité. Si on peut attendre, on les laissera sécher spontanément, mais on pourra les placer à une certaine distance d'un foyer quelconque de chaleur et jamais au soleil.

Il ne faut les mouiller qu'après un refroidissement complet, car les parties encore solubles seraient attaquées par l'eau de l'éponge qui s'échaufferait par suite de la chaleur du métal.

On peut, pour aller plus vite, sécher les planches près du feu, mais la température du métal ne doit pas dépasser 10° et il faut, dans ce cas, attendre que la couche soit tout-à-fait égouttée. On dégage au besoin la gélatine de l'eau en excès, en appliquant délicatement sur la couche une feuille de papier buvard, qu'on retire aussitôt.

CHAPITRE IX

Encrage.

Les personnes du métier, ont sur l'encrage des prétentions fondées, dans un sens, mais exagérées sous un autre point de vue, qui est le nôtre.

Il est certain qu'un ouvrier habile et exercé tirera des épreuves parfaites sur une pierre préparée lithographiquement, tandis que la même surface ne donnerait sous les mains d'un amateur, que des échantillons inférieurs.

Mais nous faisons observer que nous opérons différemment.

Nous nous adressons dans ce livre plus spécialement aux photographes et aux amateurs, et nous leur assurons qu'ils arriveront par eux-mêmes à des résultats inattendus et qui les satisferont entièrement. Nous avons eu les premiers cette surprise agréable.

L'encrage de la gélatine après le traitement que nous avons indiqué, se fait régulièrement et n'exige aucune pratique. Cette matière capricieuse obéit régulièrement aux lois du procédé.

D'autres expérimentateurs ont affirmé qu'ils rencontrent à chaque pas des insuccès dont les causes leur échappaient.

Nous ne connaissons pas leurs moyens, mais nous affirmons et nous le prouverons au besoin, que tout est prévu dans le système que nous développons. On sera toujours certain de pouvoir exécuter, en quelques heures, même par les temps les plus sombres, les travaux qu'on aura accepté. Il faudra tout au plus une journée pour être à même de livrer.

Les épreuves viennent bien ou mal suivant que le rouleau est tenu par une main adroite ou inhabile. L'état d'humidité moyenne de la gélatine est aussi pour une bonne part dans le résultat, comme nous le verrons tout à l'heure.

Nous ne sommes pas précisément en présence d'une

pierre lithographique sur laquelle le dessin seul se charge d'encre, pourvu que la surface calcaire soit humide à point, sans excès ni dans un sens ni dans l'autre.

Il est difficile de définir clairement la différence qui existe entre deux opérations qui sont exactement les mêmes, et qui offrent des difficultés identiques par suite de circonstances différentes, mais analogues.

Nous ne saurions entrer dans trop de détails sur la manière d'encrer la gélatine puisque le résultat final en dépend en grande partie.

Nous prenons donc notre plaque de cuivre bien sèche, sur laquelle l'image est à peine marquée en brun après le lavage. Nous l'humectons avec éponge humide capable de communiquer à la gélatine une moiteur suffisante.

On frictionne vivement la surface et on essuie avec un chiffon propre et souple pour que la couche ne soit pas rayée. Si le chiffon ne glisse pas facilement à la première attaque, le mouillage n'est pas suffisant. On repasse l'éponge et on essuie encore, car il est bien entendu qu'il ne faut pas d'eau sur la gélatine. C'est

8.

sur une couche humide que nous devons passer le rouleau.

Le dépôt d'encre est en raison de la pression du rouleau.

On appuie vigoureusement sur les poignées de l'appareil qui doit rouler dans les mains, si la surface gélatinée montre peu d'avidité pour le noir d'impression et plus légèrement sur une couche insolée à point qui retient l'encre plus aisément.

L'empâtement n'offre pas les mêmes dangers que sur la pierre lithographique, car on peut effacer à l'essence autant de fois qu'on le désire, sans crainte de nuire en quoi que ce soit à la pureté de l'épreuve qu'on tirera après.

On détache l'excès de noir en diminuant la pression.

L'encre, sous un effort amoindri, quitte la gélatine et se reporte sur le rouleau.

On glisse ensuite légèrement pour dégager les blancs et on s'arrête quand l'épreuve qu'on peut juger, *à priori*, sur la gélatine rend exactement le cliché.

On peut donc tirer sur la même couche des épreuves

fort inégales comme ton et comme valeur artistique. Avec un peu d'habitude, on régularise facilement le tirage.

Quand un dessin est fixé sur une pierre lithographique, la surface prend l'eau ou la repousse franchement, et l'encre s'attache par sympathie naturelle sur les points qui ne sont pas pénétrables à l'eau.

La surface gélatinée n'est pas tout-à-fait dans les mêmes conditions.

On peut dire que l'humidité est partout. L'encre ne s'attache avec une certaine fixité que sur les points insolés.

Ces parties de la surface ne sont pas à l'état sec. Ils sont seulement moins humides.

L'action décomposante de la lumière, tout en modifiant la couche dans les blancs du négatif, ne rend pas les points correspondants de la gélatine tout-à-fait insolubles.

La couche, dans ces endroits, peut être pénétrée même par l'eau froide, mais l'eau y a moins de prise que sur les parties non influencées.

Ainsi donc, par un mouillage léger, prompt et superficiel, les parties non insolées absorbent l'eau instantanément, les autres, au contraire, s'opposent pendant un certain temps à la pénétration du liquide.

C'est sur cet état instable de la couche qui varie à chaque instant, que repose le procédé et la possibilité de l'encrage. Mais on est maître de la gélatine, quand ses caprices nous sont connus.

On comprend donc qu'il soit nécessaire de suspendre quelque fois le tirage quand l'ensemble de la couche a absorbé trop d'eau. On attend que la gélatine soit redevenue sèche pour reprendre le travail qu'on peut continuer après dix minutes de repos.

Il ne faut pas se préoccuper de l'encrage, qu'on fera tout aussi bien qu'un lithographe après quelques heures d'exercice.

Dans notre partie, les photographes n'ont pas seuls, par métier, le privilége de bien faire. Nous connaissons des amateurs de tous les pays qui pourraient tirer parti de leur talent et qui éclipseraient bien des renommées, si la photographie n'était pas pour eux un simple passe-temps.

Il en sera de même en phototypie. Les photographes

et les amateurs feront tout aussi bien que les imprimeurs, grâce à notre procédé qui n'exige pas d'antécédents.

Le tirage photographique aux encres grasses prendra sous peu un grand essor, et l'objectif et le cylindre auront la presse pour complément.

On peut à la rigueur se servir des encres et des rouleaux ordinaires, mais nous avons imaginé un outillage spécial, adapté à toutes les exigences de ce nouveau procédé. Pour le premier encrage, le rouleau en gélatine est préférable. Il étend le noir d'impression en couche plus unies, et il faut l'employer quelquefois pour dégager le dessin et le décharger d'encre sans avoir recours à l'eau et à l'essence, car nous avons déjà dit que la couche devait être mouillée le moins possible. On peut tirer sur gélatine trois ou quatre épreuves sans le secours de l'éponge, ce qui ne pourrait être fait en lithographie ordinaire, qui exige le mouillage après chaque épreuve, C'est en partie ce qui rend le tirage sur gélatine plus facile.

Nous conseillons l'emploi de deux rouleaux. Il ne serait pas possible d'encrer convenablement une surface gélatinée si le rouleau, par ses proportions, n'était pas suffisant pour couvrir toute l'étendue de la plaque métallique à encrer.

Il faut donc adopter des rouleaux dont la longueur corresponde aux dimensions de la presse.

Ce point est d'une telle importance que nous préférons nous répéter pour avoir la certitude d'être bien compris.

Notre presse en fonte, dont nous parlerons bientôt, et qui n'est qu'un joujou comparée aux presses ordinaires de lithographie, comporte plusieurs modèles.

Si on choisit donc un appareil permettant de tirer des clichés 24×30, les deux rouleaux où, du moins, celui qui servira à l'encrage, aura au moins les mêmes dimensions et il sera à poignées.

Le second n'a pas la même importance, un petit appareil à fourchette peut suffire. Il servira pour étendre l'encre sur la table au noir en couche régulière. On pourra alors charger le second rouleau en suivant les indications données au commencement de ce traité, et obtenir sur ce dernier outil une couche d'encre bien distribuée, ce qui a une très grande importance dans l'encrage.

Notre système d'impression est tout entier dans les détails de l'opération. Le lecteur doit donc avoir une patience égale à la nôtre et comprendre que nous passerions outre volontiers si nous n'attachions pas beaucoup d'importance à ces explications.

L'encre d'impression n'est pas fluide comme celle qui nous sert à tracer les lignes.

Nous nous servons pour le tirage d'une pâte dure et qui s'étend avec une certaine difficulté. On la délaie, dans l'impression ordinaire, avec un peu de vernis lithographique qui a encore moins de fluidité que le sirop le plus épais.

Les rouleaux encrés en lithographie ne sont donc pas ruisselants d'un liquide noir, mais recouverts d'un mastic qui ne peut s'étendre que par pression.

Un rouleau neuf ne peut rendre aucun service. Il faut prévoir ce cas quelques jours avant de s'en servir. La préparation exige trois jours au moins. Nous nous chargeons de ce soin, si on nous en fait la demande.

La meilleure méthode pour rendre les rouleaux propres à l'emploi, c'est de les fatiguer à plusieurs reprises chaque jour, sur la table au noir, où l'on a étalé du vernis lithographique.

Le cuir s'imbibe peu à peu, on remplace pour compléter la préparation des rouleaux, le vernis par l'encre lithographique mêlée à ce dernier produit.

Les rouleaux peuvent être employés quand ils n'absorbent plus l'encre.

Ces appareils s'améliorent chaque jour par l'usage. On les laisse au repos dans un milieu plutôt humide que sec pour leur conserver toute leur souplesse.

L'amateur doit les graisser s'il prévoit qu'il n'aura pas à s'occuper de tirage pendant plusieurs mois.

Pour encrer la couche de gélatine, l'encre doit être tenue plus dure encore que dans la lithographie ordinaire.

Le rouleau chargé d'un noir trop liquide glisserait sur nos surfaces, et l'encre s'étalerait sans précision. Le rouleau ordinaire du lithographe empâterait nos paysages et nos portraits.

Nos rouleaux doivent être moins chargés et notre

noir plus dur encore. L'encrage n'en est pas pour cela plus difficile, c'est le contraire.

C'est pour ces motifs que nous conseillons l'usage de deux rouleaux.

On prépare, pour commencer, le noir sur un coin du marbre; on y ajoute une ou deux gouttes, ou pour mieux dire, une parcelle de vernis, car ce produit ne coule pas, et on amalgame avec la lame du couteau à ramasser pour mélanger intimement les deux produits. On ajoute un tiers d'encre lithographique de couleur carmin, pour donner aux épreuves le ton du virage photographique; un peu de jaune mêlé au tout modifie le ton, et l'impression prend le ton jaune doré de l'ancien virage à l'hyposulfile et au chlorure d'or, ce qui donne beaucoup d'éclat aux paysages.

On étend ensuite régulièrement la pâte à imprimer sur le premier rouleau en s'aidant de la râclette ou d'une lame de couteau, et on roule sur le marbre qui doit être également recouvert de noir d'impression.

On y arrive après quelques minutes d'efforts, et on enlève avec la lame du couteau tout ce qui fait épaisseur sur le marbre ou sur le rouleau, pour étaler encore une fois l'encre.

Le rouleau n'est bon à l'encrage que lorsqu'il est couvert d'une couche mate et sans parties brillantes. Il ne doit pas crier en roulant sur le marbre.

Malgré tous les soins, les premières épreuves tirées ne sont jamais parfaites, à moins de décharger le rouleau sur un second marbre. Mais on peut s'en dispenser, car il est bon de préparer la gélatine à retenir l'encre. Il vaut donc mieux ne pas employer un second marbre et faire le sacrifice des premières épreuves.

Le rouleau se dégage peu à peu et l'encrage prend son cours régulier.

Il faut peu de noir, mais il en faut cependant. Aussi est-il nécessaire de reprendre de temps en temps le premier rouleau, qui est plus chargé, pour entretenir sur la table la provision d'encre qui diminue après le tirage de chaque épreuve. On renouvelle l'encre quand le rouleau à étaler est épuisé.

La couche gélatinée ne doit pas rester sous l'encre. Quand le tirage est fini, on doit laver la surface avec de l'eau mêlée d'essence, essuyer avec un chiffon propre et passer ensuite l'éponge humide. On essuie une dernière fois et on ne laisse aucune trace d'eau, on conserve les planches dans un lieu sec. Il suffit de les humecter pour reprendre le tirage.

Soins spéciaux. — Solidité de la couche.

La couche de gélatine sur cuivre préparée comme nous l'avons indiqué, est extrêmement solide et elle supporte sans faiblir tous les efforts nécessités par l'encrage. Elle résiste même au ponçage à l'état humide, si la surface préparée est exempte de bulles.

Ces boursoufflures s'affaissent après quelques tirages, et les épreuves qui suivent sont tachées en noir sur ces points. On enlève facilement l'encre qui dépare les épreuves aux endroits indiqués à l'aide du grattoir, quand le tirage est encore frais, mais il vaut mieux prévenir la retouche en n'insolant que les couches régulières.

Le dégât dans la planche est limité sur ces points. Il ne s'étend pas plus loin et le reste de la couche n'éprouve aucune atteinte.

Ce qu'il y a de plus à craindre dans l'encrage et dans le tirage, ce sont les corps durs, qui pourraient s'attacher au rouleau ou à la planche métallique.

Un grain de poussière ou un corps étranger non élastique tracerait sur les surfaces des lignes irrépables et mettrait hors de service une planche qui fournirait sans accident un long tirage.

On veillera donc sur les rouleaux, pendant et après le service, et la table au noir sera recouverte d'un linge et placée en lieu sûr.

On n'emploiera pour le mouillage que des éponges préparées et lavées, et on choisira les chiffons les plus souples pour essuyer les planches.

Il faut renouveler l'encre chaque jour. Le marbre ou la pierre lithographique qui sert à charger le rouleau sera lavé avec une éponge destinée à cet emploi, imbibée d'eau et d'essence de térébenthine.

La couche de gélatine à l'état sec est très adhérente au métal et à la pierre.

On tenterait inutilement de l'enlever sans avoir recours à l'eau.

Quand on veut donner un autre emploi aux planches de cuivre, on les laisse tremper plusieurs heures dans l'eau et on les recouvre après d'un mélange d'eau et d'acide acétique qui, est un dissolvant de la gélatine. La matière se ramollit instantanément et on la détache du métal aisément avec un râcloir en cuivre.

On s'exposerait en employant l'acier à attaquer le grain du cuivre ou de la pierre, et il ne faut pas oublier que nous devons opérer sur des surfaces bien unies, qui ne sont obtenues que par un travail pénible.

L'effet de l'acide acétique serait nuisible à la sensibilité de la couche bi-chromatée qui serait versée sur le métal pour la préparation d'une nouvelle surface.

On lavera la pierre avec un peu d'eau à laquelle on ajoutera quelques centimètres cubes d'ammoniaque liquide. On emploiera le bi-carbonate de soude pour le cuivre. On terminera par un lavage à grande eau. Le métal sera séché immédiatement au feu.

Les rouleaux qui ne servent que rarement se recouvrent d'une croûte d'encre à moins qu'on ne les aient graissés. On doit avant de s'en servir pour de nouvelles opérations les nettoyer avec de l'essence de térébenthine.

Si la couche résiste, on emploiera la benzine et au besoin le chloroforme.

On râcle le rouleau quand l'encre est rendue soluble par le dissolvant avec une lame de cuivre, en évitant toute attaque directe sur le cuir.

Presse spéciale au procédé. — Table à report. — Marges.

Nous avons fait construire une presse spéciale pour l'exploitation industrielle du procédé et pour l'amateur qui désire tirer ses clichés à l'encre grasse. Elle porte le nom de notre maison en relief sur le bâtis en fonte.

La presse à râteau, généralement employée et avec raison dans la lithographie ordinaire, ne rendrait pas les mêmes services dans le tirage sur gélatine.

L'action du râteau détériore la couche. La gélatine est

souple et élastique et l'impression est irrégulière avec ce système de presse.

Le papier, quelques précautions que l'on prenne, est toujours plissé et beaucoup d'épreuves sont perdues.

La presse à deux cylindres comprime le papier sur la gélatine. La surface encrée ne supporte aucune fatigue et il est impossible que l'accident dont nous parlons se produise.

Cet appareil est, du reste, excessivement commode. Il peut se placer sur une table quelconque. On peut même s'en servir sans le fixer. On peut le transporter sans effort d'une place dans une autre. On a en même temps une grande simplicité de construction et un fonctionnement régulier. La pression des cylindres qui se règle à la main est calculée sur les exigences du procédé.

Nous avons en outre disposé, pour éviter l'achat d'une presse lourde et coûteuse, une table à imprimer qui s'adapte au cylindre photographique et qui permet d'opérer sur pierre directement ou de reporter l'épreuve donnée par la couche de gélatine sur la pierre lithographique.

OBSERVATION.

La couche de gélatine pendant le tirage réclame plus de soin que la pierre.

Nous éveillons l'attention de l'opérateur sur un accident inhérent au procédé qui arrive quelquefois, mais qu'on peut toujours prévenir.

Après l'encrage, qui se fait à même sur la presse, on engage la planche de cuivre sous les cylindres couverts du papier blanc satiné qui doit recevoir l'épreuve.

Le papier doit être étendu sans plis. On passe plusieurs fois la main pour le faire adhérer sur la gélatine.

On met par-dessus 5 ou 6 doubles d'un autre papier glacé, quelques feuilles de buvard sans grain et enfin un carton bristol bien satiné.

Ces couvertures seront taillées sur les dimensions de la planche de cuivre. Elles doivent passer aisément sous les cylindres dans le sens de la largeur. L'épaisseur importe peu, car on peut régler à volonté la distance des deux cylindres et partant la pression.

Si ces couvertures étaient arrêtées au passage pendant le jeu de la presse, elles imprimeraient les plis au papier qui doit recevoir l'épreuve. Mais il pourrait se faire que les épaisseurs du papier formant les plis pénétrassent dans la couche comme un corps dur, et dans ce cas, la planche serait perdue. Nos planches, avons-nous dit, n'ont pas une grande valeur, mais il faut perdre du temps pour les reconstituer.

On doit insoler, sans border les négatifs avec des bandes de papier noir, comme nous l'avons recommandé dans un autre procédé, quand on ne veut reproduire qu'une partie du sujet. Il est préférable d'insoler toute l'étendue de la couche. On reporte ce détail d'exécution au moment du tirage.

On aura ainsi moins de peine à détacher l'épreuve imprimée de la couche de gélatine. Le papier contracterait beaucoup d'adhérence sur les parties qui auraient été soustraites à l'action de la lumière.

Il vaut mieux appliquer sur la planche encrée une première feuille de papier blanc dans laquelle on a découpé le carré ou l'ovale qui fixent les limites de la partie de la planche qu'on veut imprimer.

On tient le dessus de cette feuille très propre et on pose par dessus le papier qui reçoit l'encrage. On peut ainsi, comme en typographie, imprimer une épreuve de quelques centimètres dans le milieu d'une grande feuille de papier blanc.

L'épaisseur de la maculature ne gêne en rien l'impression.

Le dessin traité dans ces conditions flatte davantage et on n'a ni à couper ni à coller les épreuves.

Du papier.

La qualité du papier n'est pas indifférente à la bonne venue des épreuves.

Pour les grands sujets où le détail n'a pas trop d'importance et pour les reproductions sans valeur artistique, on choisira un bon papier d'impression ordinaire, mais collé. Il doit pouvoir être détaché sans déchirure de la couche de gélatine sur laquelle la pression le fait adhérer fortement.

Pour les sujets à demi-teintes fines, tels sont le portrait et le paysage pris sur nature avec l'objectif, il faut exclusivement se servir de papier ministre ou de papier rive non albuminé. On imprime sur le côté glacé.

Les imprimeurs emploient le papier humide, notre procédé exige un tirage à sec.

Il n'en serait pas de même si on tirait sur pierre après report. On suivrait dans ce cas la règle ordinaire.

On mouillerait alors le papier 12 heures avant l'emploi.

On trempe une première feuille dans un baquet d'eau et sans attendre on l'étale sur une table. On place sur la feuille mouillée 10 ou 12 feuilles de papier sec, et on intercale à mesure une feuille mouillée et le même nombre de feuilles de papier sec.

On met sous presse et on attend que le tout soit uniformément pénétré. On procède ainsi pour le papier sans colle, mais, s'il est collé, on doit tremper un cahier tout entier dans l'eau, environ 5 ou 6 feuilles à la fois.

On laisse égoutter une demi minute, et on recouvre ce cahier du même nombre de feuilles sèches. On met également sous presse. Le poids d'une pierre lithographique suffit.

L'amateur qui n'a pas de travaux importants à exécuter doit placer 2 ou 3 feuilles de papier dans une main de buvard épais.

Il fera encore mieux de se servir de papier sec, mais glacé.

Il mouillera en dessus à l'éponge la feuille de buvard qui recouvre le papier destiné au tirage. Ce papier sera bon à employer après un quart d'heure.

Le mouillage n'est pas nécessaire, en somme, si on emploie un papier bien glacé.

Du Report en lithographie ordinaire.

Nous avons parlé du report, dans le chapitre qui traite du procédé à la gomme, pour la reproduction des dessins au trait.

Le report se fait toujours de la même manière, quelque soit du reste le procédé.

Ce que nous avons déjà dit s'applique donc au report ordinaire et quoique nous tirions, dans notre cas, une épreuve sur gélatine, l'opération ne change pas quand il s'agit de reporter cette épreuve du papier spécial sur pierre.

Avant de faire le report, on doit tout préparer pour ne pas attendre, car tout doit se faire à point dans cette opération délicate.

On cale sur la presse la pierre qui doit être finement poncée. On en chauffe légèrement la surface en hiver, on règle la course de l'appareil, et on prépare les couvertures, c'est-à-dire les épaisseurs de papier qui ont pour but de garantir l'épreuve des attaques du râteau.

Le râteau est le levier qui s'abat sur le tablier en cuir de la presse, et qui exerce la pression, et on appelle tablier la partie de l'appareil qu'on rabat sur la pierre.

En place de papier gommé avec couche sensible, on se sert ordinairement, pour le report, du papier de Chine encollé.

Le tirage de l'épreuve de report se fait sur le côté préparé avec toutes les précautions indiquées dans un autre chapitre. On prend à sec l'épreuve sur gélatine et on l'humecte ensuite.

On peut préparer soi-même un papier de report excellent, en opérant comme dans le procédé sur gomme.

Il suffit de supprimer le bi-chromate et d'opérer comme nous l'avons indiqué.

On gomme le report, on acidule et il n'y a rien à changer au tirage.

On obtient un excellent report en tirant la planche

gélatinée sur un papier spécial gélatiné et uni comme une glace.

Ce papier cède toute son encre à la pierre, et, après le tirage, ne conserve aucune trace d'impression.

On connait les difficultés de la retouche sur les épreuves photographiques aux sels d'argent.

Les produits de la presse se retouchent plus aisément.

On remplace la mine de plomb par le crayon lithographique pour boucher les blancs, ou encore, de l'encre lithographique, qu'on délaie, car elle est soluble dans l'eau pour égaliser les fonds et pour compléter l'ensemble.

Le tirage à la presse est sujet aux mêmes accidents que le tirage ordinaire et les surfaoes, avons-nous dit, sont sujettes aux points et aux bulles. Ces imperfections sont reproduites sur les épreuves.

Une planche qui rend exactement un dessin, doit être tirée, quoique l'impression, par suite des accidents de la couche, ne soit pas sans défauts.

Quand l'encre est raffermie, les taches noires sont enlevées au grattoir qui emporte l'encre sans attendre le papier. Les points blancs sont couverts au pinceau.

On transforme, en quelques minutes, nous ne dirons pas une épreuve, mais une série d'épreuves, en employant les tricheries qui ne sont pas de mauvais aloi, car les imprimeurs en taille-douce ne dédaignent pas ces moyens si la planche a subi des avaries.

On peut même, dans l'impression sur gélatine, modifier à la main le travail du rouleau, corriger le ciel ou les blancs de l'épreuve par l'enlevage de l'encre au chiffon comme sur la planche en taille-douce.

La retouche des demi-teintes, toutefois, n'est pas admissible.

Le procédé donne la dégradation des ombres trop facilement pour passer un temps précieux à la retouche de chaque épreuve.

Il faut se borner à réparer les accidents de la couche de gélatine ou les défauts résultant du négatif.

La retouche ne doit pas dépasser ce qui se fait ordinairement en photographie.

Il ne faut pas songer à corriger la planche gélatinée elle-même. On trouvera plus tard, sans doute, le moyen de remédier aux défauts de la couche quand le procédé sera universellement adopté, ce qui ne tardera pas, mais nous ne saurions donner jusqu'à présent aucun conseil à cet égard.

Il est d'ailleurs si facile de recommencer une planche et il faut si peu de temps pour cela, que nous n'avons pas cru indispensable de pousser nos recherches en ce sens.

Ne vaut-il pas mieux, en effet, recommencer un cliché que de chercher à modifier par la retouche des défauts qui exigeraient une perte de temps considérable?

Le cas est le même.

Une pierre lithographique dessinée à la main a une valeur artistique et pécuniaire. On en prend un soin spécial.

Mais on doit accorder moins d'importance à nos couches de gélatine.

Les résultats qu'elles fournissent sont certainement supérieurs sous le rapport de la finesse et de la perfection à tout ce qui peut être produit par la plume, le burin ou le pinceau. L'épreuve tirée a une valeur réelle, mais l'objet producteur n'en a pour ainsi dire aucune, puisqu'on peut le reproduire et le multiplier sans frais et en quelques heures.

On cylindre les épreuves quand l'encre est raffermie. Si on les recouvre au pinceau d'une couche légère de gélatine avant le cylindrage, on ne saurait les distinguer des épreuves photographiques ordinaires, surtout si, par le mélange indiqué des encres on s'est rapproché des tons adoptés dans le virage.

Les épreuves gélatinées peuvent être passées à l'encaustique.

CHAPITRE X

Notes.

I

Les papiers portent dans le commerce des noms particuliers qui indiquent leur dimension.

Grand Monde	1.16	sur	0.80
Grand Aigle	1.05	—	0.70
Colombier	0.85	—	0.60
Jésus	0.70	—	0.54
Grand Raisin	0.62	—	0.47
Carré	0.54	—	0.44
Coquille	0.50	—	0.42
Ecu	0.51	—	0.40
Couronne	0.47	—	0.35
Tellière	0.45	—	0.34
Pot	0.40	—	0.31
Cloche	0.39	—	0.30

II

Les dessins imprimés, destinés à illustrer les livres, sont désignés comme il suit :

On nomme :

In-plano, l'épreuve feuille entière.

In-folio, le dessin sur la feuille divisée en					2
In-quarto,	—	—	—	—	4
In-six,	—	—	—	—	6
In-octavo,	—	—	—	—	8
In-douze,	—	—	—	—	12
In-seize,	—	—	—	—	16
In-dix-huit,	—	—	—	—	18
In-vingt-quatre,	—	—	—	—	24
In-trente-deux,	—	—	—	—	32

III

Nous indiquons ici la composition des encres lithographiques et des crayons à titre de simple curiosité. L'opérateur trouvera dans notre maison et partout, les encres spéciales à l'usage qu'il veut en faire.

Encre à délayer, soluble à l'eau, pour retouches.

Cire jaune.................	40	grammes.
Suif......................	40	—
Gomme laque..............	40	—
Mastic en larmes...........	40	—
Savon de Marseille.........	10	—
Térébenthine de Venise.....	5	—
Huile d'olive..............	5	—
Noir de fumée.............	10	—

Quelques grammes de potasse, dissous dans l'eau, rendent l'encre plus soluble.

Crayons lithographiques pour retouches.

Cire jaune.................	75	grammes.
Savon de Marseille........	75	—
Gomme laque..............	5	—
Nitrate de potasse.........	3	—
Térébenthine de Venise.....	5	—
Suif......................	1	gr. 25 cent.
Noir de fumée.............	20	grammes.

On se servira des crayons n° 1 et n° 2. Le n° 2 est très noir. On l'emploiera pour couvrir les points blancs dans les grandes ombres.

Encres d'impression.

Les encres d'impression sont préparées d'après la première formule. La proportion de noir de fumée doit être poussée jusqu'aux dernières limites.

Les encres livrées par l'industrie peuvent, à la rigueur, servir pour notre encrage particulier. Mais les noirs d'impression varient suivant la fabrication et n'ont pas tous le même emploi.

Les encres le plus chargées en noir de fumée et les plus grasses, sont celles qui conviennent le mieux.

Nous faisons préparer, dans l'intérêt du procédé, une encre particulière, qui a la propriété de s'attacher à la surface gélatinée et qui donne des noirs intenses sur les épreuves.

PHOTOMÈTRE VIDAL.

SÉRIE PHOTOMÉTRIQUE DE 12 CELLULES

Indiquant depuis 5" jusqu'à 40' de plein soleil.

5"	1/2	2' 30"	3/10
10"	1/4	3' (verre jaune).	1/3
15"	1/6	4' — ..	1/4
25"	1/8	5' — ..	1/5
30"	2/6	10' — ..	1/8
40"	2/7	12' — ..	2/6
50"	2/8	15' — ..	2/7
1'	3/4	20' — ..	2/8
1' 30"	3/7	40' — ..	3/7
2' (verre jaune).	1/2		

Au cas où l'on voudrait déterminer des temps non indiqués ci-dessus, 25' par exemple, il suffirait dès que 20' auraient été obtenus, d'ajouter la cellule 5. Pour atteindre une heure, on démasquerait 20' après avoir réalisé 40' et ainsi de suite.

Pour les cas rares, il sera toujours aisé de suppléer à l'absence de cellules spéciales.

PRIX-COURANT

DES

PRODUITS ET DES APPAREILS

NÉCESSAIRES POUR L'IMPRESSION AUX ENCRES GRASSES

		fr.	c.
Acide azotique pur	le kil.	3	»
Acide acétique	—	2	»
Colle de poisson (variable)	—	60	»
Gélatine spéciale	—	10	»
Colle de Flandre	—	8	»
Bi-chromate de Potasse pur	—	12	»
Essence de térébenthine	—	4	50
Gomme spéciale	—	6	»
Encre lithographique noire, spéciale	le pot.	4	»
Vernis lithographique	—	1	50

ENCRES DE COULEUR

Rose carminé	le pot de 25 gr.	3	»
Violet	—	1	80

ENCRES DE COULEUR (*Suite*)

		fr.	c.
Rouge Magenta	le pot de 25 gr.	2	25
Bleu	—	1	25
Jaune.	—	1	40
Bistre	—	1	60
Brun	—	1	60
Vert.	—	1	60
Crayons lithographiques pour la retouche des épreuves.	Nos 1 et 2, la douzaine	1	»
Sable à grainer, brut	le litre	»	5
Sable à grainer passé au tamis n° 120 .	—	5	50
Molette pour grainer le cuivre		4	»
Tamis n° 100		3	50
Tamis n° 120		4	»
Capsule pour bain-marie, au millimètre, de 2 à		10	»
Vis calantes	la pièce.	2	50
Niveau-d'Eau.		5	»
Châssis spécial, 14 sur 30		60	»
Glaces pour clichés			
Table pour encrer.		12	»
Râcloir.		2	50

ROULEAUX LITHOGRAPHIQUES

A POIGNÉES, SPÉCIAUX

		fr.	c.
16 centimètres		12	50
19	—	15	»
22	—	16	50
24	—	18	75
27	—	19	75
30	—	21	75
32	—	23	25
35	—	24	75
38	—	26	25
Rouleaux à fourchette depuis	7 à	15	»
Poignées en cuir pour Rouleaux	la paire.	1	50
Couteaux		2	»

PIERRES LITHOGRAPHIQUES

		fr.	c.
13 sur 16 centimètres		3	»
19 sur 24	—	4	60
21 sur 27	—	5	60
24 sur 30	—	7	25
32 sur 40	—	15	75

PLANCHES DE CUIVRE

DE TOUTES GRANDEURS, PLANÉES

N° 1 . . . . le kilogramme. 15 »
N° 2 . . . . — 12 »

PIERRE PONCE

N° 1 . . . . le kilogramme. 1 20
N° 2 . . . . — 1 50

PLANCHES DE ZINC PLANÉES

N° 1 . . . . le kilogramme. 10 »
N° 2 . . . . — 6 »

PRESSE LITHOGRAPHIQUE Spéciale

Pour le tirage des planches métalliques et pouvant imprimer 24 sur 30 centimètres. 110 »

PRESSE A RATEAU

Pour le report et le tirage ordinaire, nécessaire pour les planches de grandes dimensions, de . . . . 300 à 1000 »

PAPIERS DIVERS

POUR REPORTS ET IMPRESSIONS

PRODUITS PHOTOGRAPHIQUES

ET APPAREILS

PLAQUES D'ÉMAIL ET POUDRES VITRIFIABLES

APPAREILS

POUR LA GALVANOPLASTIE

TÉLÉGRAPHIE

SONNERIES ÉLECTRIQUES

DÉMONSTRATIONS

Photographie. — Gravure Héliographique

Émail. — Photo-Lithographie

Galvanoplastie. — Dorure. — Argenture

Pyrotechnie.

PRODUITS SPÉCIAUX

TABLE DES MATIÈRES

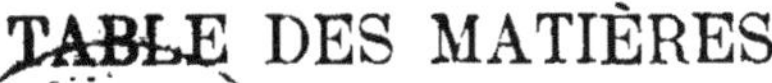

CHAPITRE PREMIER

CHAPITRE II

CHAPITRE III

CHAPITRE IV

CHAPITRE V

CHAPITRE VI

CHAPITRE VII

CHAPITRE VIII

CHAPITRE IV

CHAPITRE X

TYP. SERINGE FRÈRES, PLACE DU CAIRE, 2.

www.ingramcontent.com/pod-product-compliance
Ingram Content Group UK Ltd.
Pitfield, Milton Keynes, MK11 3LW, UK
UKHW020556180726
13838UKWH00001B/280